HANS VON ROTENHAN

Die Runde Eckstube

*Geheimnisse und Geschichten
aus Schloss Rentweinsdorf*

Den Enkeln meiner Eltern gewidmet
H. v. R.

HANS VON ROTENHAN

Die Runde Eckstube

Geheimnisse und Geschichten aus Schloss Rentweinsdorf

Eifrig Publishing
Lemont   Berlin

© 2016 von Hans von Rotenhan
Gedruckt in dem Vereinigten Königreich

Alle Fotos aus Familienbesitz

All rights reserved. This publication is protected by Copyright, and permission should be obtained from the publisher prior to any prohibited reproduction, storage in a retrieval system, or transmission in any form or by any means, electronic, mechanical, photocopying, recording, or likewise.

Published by Eifrig Publishing,
PO Box 66, Lemont, PA 16851.
Knobelsdorffstr. 44, 14059 Berlin, Germany

For information regarding permission, write to:
Rights and Permissions Department,
Eifrig Publishing,
PO Box 66 Lemont, PA 16851, USA.
permissions@eifrigpublishing.com, 888-340-6543.

Library of Congress Cataloging-in-Publication Data

Rotenhan, Hans von, Die Runde Eckstube: Geheimnisse und Geschichten aus Schloss Rentweinsdorf

Paperback: ISBN 978-1-63233-093-2
Ebook: ISBN 978-1-63233-094-9

1. Autobiographie 2. Der deutsche Adel 3. Geschichte: Deutschland
I. Rotenhan, Hans von II. Title.

20 19 18 17 2016
5 4 3 2 1

Printed on acid-free paper. ∞

Dank.

Es ist sinnvoll, zunächst der Ehefrau zu danken. Brigitte hat mich einfach machen lassen. Hab vielen Dank dafür.

Dank gebührt auch meinem Vetter Schorsch und meinem Schwiegersohn Daniel. Beide unterstützten mich darin, diesen Bericht zu schreiben, sie sprachen sogar von zeitgeschichtlichem Interesse...

Besonderer Dank gilt Christine Stein. Sie hat mich aus dem sprachlichen Cocon des Familienjargons herausgeholt. Die Sprache der 50er Jahre in Unterfrankens Schlössern wird heute nicht mehr immer und überall verstanden.

Mein herzlicher Dank gebührt dem Ingenieurbüro Krug, Schmidt, Röthig in Rödental. Diese freundlichen Herren haben mir die Pläne des Schlosses überlassen.

Und schließlich danke ich Penny Eifrig, die obwohl auf Heimatbesuch in den USA, die Einrichtung des Textes als e-book und als „paperback" besorgt hat.

Vorwort

„Den Baron wern die Wildsäu a die Wänd gamoln und unner Hüddn wenn zambollerd hast's, mir ham's versuffn." Dem Baron malt man die Wildsäue an die Wand, aber wenn unser klein Häuschen zusammenfällt, heißt's wir hätten es versoffen.

Das war die philosophische Sentenz in der Gastwirtschaft, als 1965 das Rentweinsdorfer Schloss mit Hilfe des Landesamts für Denkmalspflege von außen renoviert wurde.

In diesem Schloss gibt es keine Jagdszenen an den Wänden, vielmehr wohnen dort Menschen. Und vor langer Zeit verbrachte ich meine Kindheit in und um dieses Gemäuer. Als ich vor einigen Jahren meine Neffen und Nichten durch das Haus führte, stellte ich mit Bedauern fest, dass sie von den vielen Geschichten und Skandalen, die sich in den unzähligen Räumen abgespielt hatten, keine Ahnung haben.

Diese Geschichten machen sicher keine Geschichte. Aber sie sind wichtig für das Selbstverständnis einer vergangenen Epoche. Sie sind auch deshalb interessant, weil einige erzählt werden und andere nicht. Ich finde die totgeschwiegenen viel interessanter. Um den Unterschied deutlich zu machen, fange ich einfach mit einer der „erzählten" an, gefolgt von einer „nicht erzählten". Ich würde sie der Kategorie pädagogisch-wertvoll zuordnen, sie dienten „en passant" dazu, vor dem vorehelichen Geschlechtsverkehr zu warnen.

Hans Rotenhan, mein Namensvetter und der Bruder meines Großvaters Siegfried, galt als stattlicher, gut aussehender sowie amüsanter Mann. Als Siegfried heiratete, spielte Hans bei den Aufführungen seinen Bruder. Unter anderem sagte er das Folgende: „Mein Bruder Hans? Er sieht genauso aus wie ich, mit einem kleinen Stich ins Ordinäre". Er gab die Partie mit echter Wonne.

Ohne Zweifel hatte er Schlag bei den Damen und stand in dem Ruf, nicht besonders wählerisch zu sein. Zudem war ihm sein Bursche beim Militär, von dem er behauptete, er hieße Wowering Wingwowitsch, bei der Suche nach willigen Geschöpfen behilflich. Es kam, wie es damals kommen musste, er steckte sich mit Syphilis an. Dieses Detail verschwieg er selbstredend. Erst als bereits die Zeugungsunfähigkeit eingetreten war, beichtete er alles seinem Vater, dem „alten gnädigen Herrn". Dieser, ganz pragmatisch, riet ihm, wenigstens reich zu heiraten.

Als Majoratsherr des rotenhanschen Kondominats litt der „alte gnädige Herr", mein Urgroßvater, darunter, dass er den erwirtschafteten Gewinn an viele Mitherren verteilen musste, die alle ihren eigenen Beruf plus Einkommen hatten. Da blieb für ihn nicht mehr sehr viel übrig.

Also folgte Onkel Hans dem väterlichen Rat und ehelichte die schwer zu vermittelnde Carola von Hanstein, heute Tante Kaula genannt. Ihr Buckel wurde ausreichend kompensiert durch die Tatsache, dass ihre Mutter aus einer reichen Müllersfamilie stammte. In Rentweinsdorf fiel Hans' Schwiegermutter durch ihre Kleidung auf. Sie trug Federboas, und das in einem kleinen Dorf in Unterfranken!

Exzellenz Hanstein war unbestritten eine beachtenswerte Persönlichkeit. Ihr Mann stand im Rang eines Generals, so glaube ich. Tante Kaula war eine gute Partie. Viel Glück war den beiden ansonsten nicht beschieden, zumal die Ehe erwartungsgemäß kinderlos blieb. Die Krankheit nagte alsdann an Onkel Hans, der unterdessen selber Majoratsherr geworden war. Schon bald war er nicht mehr in der Lage, die Betriebe zu führen. Die Brauerei ging in den Bankrott, während Onkel Hans derweil hauptsächlich in seinem „Göpelstall" saß und Bier mit Leuten trank, mit denen die Rotenhans bislang noch nie ihr „Seidla" getrunken hatten.

Ein Göpelstall ist der Ort, an dem ausgediente Pferde untergebracht sind, die nur noch dem Zweck dienen, den Göpel anzutreiben, mit dem man vor der Erfindung der Dampfmaschine das Wasser aus den Bergwerken pumpte.
Den Mantel des Schweigens hingegen umgibt die nächste Geschichte. Sie handelt ebenfalls genau davon, wovor schon die erste Geschichte warnte.

Man höre: Urgroßmutter Julie und Urgroßvater Gottfried hatten eine Bonne eingestellt, die die Kinder nicht nur erziehen, sondern ihnen auch französisch beibringen sollte. Wegen der engen Verbindungen der Eyrichshöfer Rotenhans zur Schweiz kam diese Bonne von eben dorther und vollführte ihre Pflichten zunächst tadellos. Es kam der Tag, an dem sie in flagranti mit einem Stallburschen erwischt wurde. Der Skandal war groß, der Stallbursche wurde lediglich abgemahnt. Der Bonne aber kündigte man zum Monatsende.

Die junge Dame hatte dafür jedoch kein Verständnis, zumal absehbar war, dass mit dem Rauswurf ihrer Karriere als Bonne ein jähes Ende gesetzt war. Sie sann auf Rache. Diese fand sie darin, dass sie dem jüngsten Sohn ihrer Dienstherrschaft, dem Wickelkind Werner, die Hoden abdrehte. Sie hatte zu Hause beobachtet, wie man bei männlichen Ferkeln die Fortpflanzungsfähigkeit beendet. Jetzt überführte sie dieses theoretische Wissen ohne Fehl in die Praxis. Doch wurde sie auch bei diesem Tun erwischt und flog nun fristlos. Eine naheliegende Anzeige wegen Körperverletzung unterblieb, wahrscheinlich fürchtete die Familie den Skandal.

Als dieser unser Onkel Werner „Pastor", er war Pfarrer geworden, als Erwachsener eine gewisse Bertha von Czettritz, die spätere Wernersch Berdda, heiratete, „passierte" - logischerweise - gar nichts. Schließlich erkundigte sich der Vater der jungen Frau nach dem ausbleibenden Kindersegen. Aus den Antworten schloss er mit wachsender Fassungslosigkeit, dass seine Tochter nach wie vor das schmückte, was die Jungfrau ziert. Damals hielt man von Aufklärung wenig, so dass die allermeisten jungen Damen völlig ahnungslos in die Ehe gingen. Genau wie unsere Bertha.

So setzte sich Herr von Czettritz wutschnaubend in die Bahn, um seinen „Gegenschwieger" Gottfried in Rentweinsdorf zur Rede zu stellen. Dieser war nach Ümäs, meiner Großmutters, Aussage, das, was man heute einen üblen Macho nennt. Die Unterredung der beiden Alten ist nur als Gang durch das Fegefeuer für den gnädigen Herrn vorstellbar. Mein Urgroßvater war ein Willensmensch, der es gewohnt war, Recht zu haben. Sein Wille geschah - üblicherweise. Bei dieser Unterredung aber konnte er nur nicken und schweigen, er musste dem Gegner sogar Recht geben. Verhaltensweisen, die ihm zutiefst widerstrebten.

Wie die Geschichten ausgingen? Nun ja, nur Siegfried, unser Üpä, zweitgeborener Sohn, und seine Frau Clara, folgerichtig Ümä, genannt, bekamen Kinder – und schließlich auch einen Stammhalter, meinen Vater Gottfried.

Schließlich wurde das Kondominat aufgelöst. Die Rentweinsdorfer, zu denen auch die Buchwälder und Neuenhöfer Rotenhans gehören, bekamen Ebelsbach, Sendelbach sowie Eichelberg. Üpä erhielt allein Rentweinsdorf mit der unterdessen sanierten Brauerei. Und Dank der eingeschränkten Fertilität der Familie konnte Üpä schlussendlich all dies seinem einzigen Sohn Gottfried vererben.

Dieser Kette von Ereignissen, mehr oder weniger Zufälligkeiten, verdanken es Gottfrieds Kinder, Christiane, Sebastian, Hans, Mathias und Julius, dass wir eine Jugend erlebten, die in ihrer Epoche einzigartig war. Vollkommen unbeschwert mit einer räumlichen Grenzenlosigkeit und der mächtigen Präsenz eines Schlosses lebten wir im Paradies.

Eine Bemerkung über unsere Eltern: Sie erscheinen in meinem Bericht als skurrile, sich ständig streitende Zeitgenossen. Einerseits war das so, andererseits aber konnten sie auch anders.

Mudda

Mutter, eine geborene Baroness Thüngen, hatte etwas, was unser Vater, den „subjektiven Zugang zur Wahrheit der Familie Thüngen" nannte. Diese Eigenschaft machte es ihr möglich, Lappalien als Katastrophen zu erleben und wirkliche Desaster zu kleinen Zwischenfällen zu verklären. Besonders nach Dadis Tod formte sie sich die Welt nach ihren Vorstellungen, was den Umgang mit ihr nicht vereinfachte.

Dadi, so nannten wir unseren Vater, hat diese Entwicklung wenige Monate vor seinem Tod vorausgesagt: „Man muss eurer Mutter regelmäßig zwischen die Lichter hauen. Wenn das keiner von euch tut, nachdem ich gestorben bin, werdet ihr euer blaues Wunder erleben." Das hat mich damals im Eindruck bestätigt, dass des öffentlichen Erscheinungsbildes zum Trotz in dieser Ehe unser Vater das Sagen hatte, und Mutter das offenbar akzeptierte.

Häufig höre ich, Dadi und Mutter hätten uns vernachlässigt, ja seien schlechte Eltern gewesen. Manch einer fragt sich auch, weshalb ich nicht voller Komplexe und Traumata steckte angesichts „dieser" Kindheit.

Dadi

Dazu fällt mir ein, dass ich vor Jahren einer Diskussion zwischen dem Bischof und dem Rabbiner von Mallorca beiwohnen durfte. Nach lebhafter Diskussion einigten sich die beiden: Das Neue Testament sei das Bestmögliche für Katholiken und die Thora das Bestmögliche für Juden.

So empfinde ich meinen Eltern gegenüber: Für mich stellten sie das Bestmögliche dar. Als Kind war für mich nur wichtig, dass sie existierten. Ich brauchte sie selten, aber die Gewissheit ihres Daseins war wie das Netz unter dem Hochseil. Unsere Eltern haben uns nicht erzogen, sie haben uns vorgelebt. Mutter war entsetzt, als ich einmal mit ihr München besuchte und weder wusste, dass man einer Dame die Tür aufhält, noch dass man links neben ihr läuft. Kenntnisse, die man in Rentweinsdorf nicht brauchte und deshalb nicht vorgelebt bekam.

Uns wurde eigentlich nichts verboten. Wir durften machen, was wir im Rahmen unserer Möglichkeiten wollten. Ich trampte mit 16 Jahren zusammen mit Freund Schorsch durch Frankreich. Später ging es mit ihm und einem klapprigen VW Bus sogar durch die Sahara bis nach Tamanrasset. Nur eins galt als unumstößlich: Wir mussten pünktlich zum Essen erscheinen und es war strikt untersagt, mit dem anderen Geschlecht in eine gemeinsame Wohnung zu ziehen. Das implizierte selbstredend all das, was man in einer gemeinsamen Wohnung ausleben könnte.

Habe ich meine Eltern geliebt? Diese Frage stellte sich für mich erst, als ich erwachsen war. Vorher genügte es zu wissen, dass sie um uns waren. Und erst als ich nicht mehr zu Hause lebte, habe ich bemerkt, welchen ungeheuren Reichtum unsere Eltern uns dadurch schenkten, dass sie uns in Ruhe gelassen haben. Für uns Kinder war ganz Rentweinsdorf ein Abenteuerspielplatz. Als wir später ins Schondorfer Internat einzogen, griffen die Eltern nicht ein einzige Mal ein, als sich unsere Gedanken und Überzeugungen in für sie bedenkliche Richtungen entwickelten.

Erst als Student und später, als ich schon in Spanien lebte, wurde mir klar, wie sehr ich all die Jahre im Gleichklang mit meinen Eltern existierte. Wir sangen nicht immer die gleiche Melodie, aber es war nie Kakophonie. Es ist vielleicht etwas spät, mit 25 oder 30 Jahren zu bemerken, dass man seine Eltern liebt. Mir wurde lediglich bewusst, dass es Liebe ist, was ich schon seit Kindesbeinen gespürt habe.

Es ist eine Art Tilgung einer Dankesschuld meinen Eltern gegenüber, wenn ich versuche, die Geschichten, die sich im „Haus" zutrugen, nicht in Vergessenheit geraten zu lassen. Deshalb auch habe ich all diese hübschen, traurigen, schaurigen und skurrilen Anekdoten, Wahrheiten und Halbwahrheiten aufgeschrieben.

Begleiten Sie mich auf einem Rundgang durch dieses Haus. Ich bezeichne die Zimmer so, wie sie in unserer Jugend hießen.

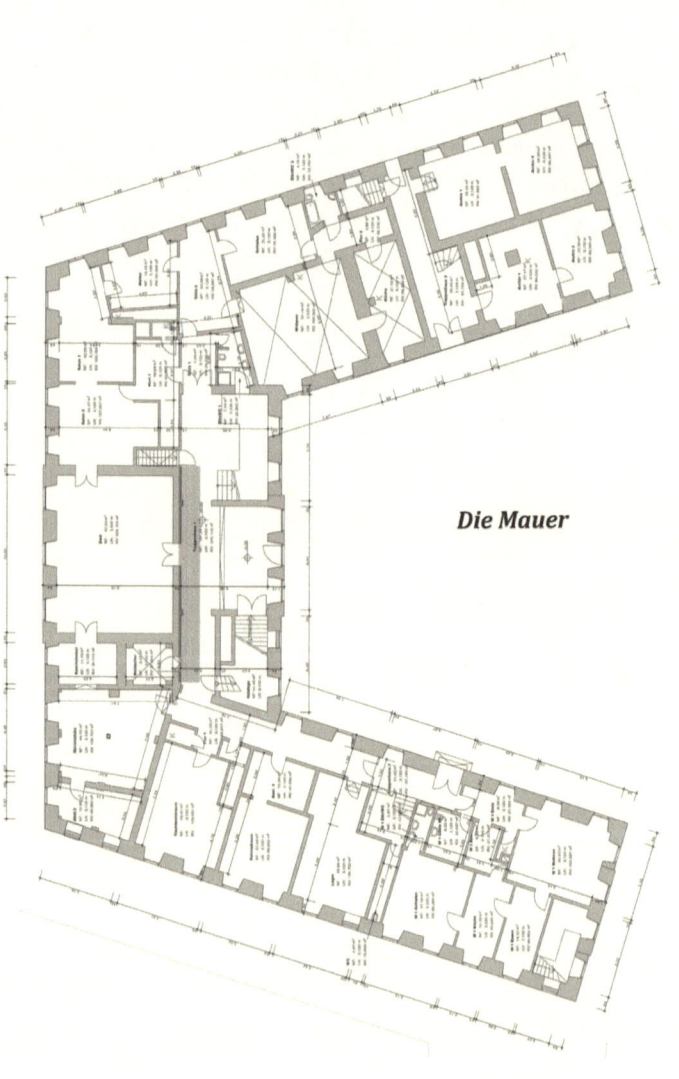

Die Mauer

Die Mauer
Zwei Angeber und ein genialer Fehlermacher

Niemand hat sie je gesehen, niemand kennt sie, und doch ist diese Mauer das wichtigste Bauelement im Schloss. Sie ist das Ergebnis eines Lernprozesses.

Als Johann Philipp Friedrich von Hutten vor etwa 270 Jahren Hauptmann des Ritterkantons Baunach wurde, brauchte er ein Angeber-Schloss. An seinem Wohnsitz Birkenfeld gab es nur ein vergammeltes Wasserschloss. Er beauftragte den noch jungen ansbachischen Architekten Steingruber mit dem Bau, der auch gleich loslegte. Von der Hauptfassade aus sieht man es nicht, aber wenn man rechts um das Schloss herumgeht, wird sichtbar, dass dort, wo der Saal liegt, das Dach etwas höher angesetzt ist. Solche Unregelmäßigkeiten im Dachstuhl führen immer zu immensen statischen Problemen, weil sich der Druck des Daches nicht gleichmäßig verteilt. Näheres erfrage man bei dem heutigen Schlossbesitzer, meinem Freund Philipp Graf zu Ortenburg, oder präziser bei dessen Geldbeutel.

Nachfolger Huttens als Hauptmann des Ritterkantons Baunach wurde Johann Friedrich von Rotenhan, unser Schlosserbauer. Später wurde er sogar „ohn sein Verdienst und Würdigkeit", da turnusmäßig, Generaldirektor der Reichsritterschaft. Wie dem auch sei, nun brauchte auch er ein Angeber-Schloss. Die Wasserburg in Rentweinsdorf lag schon seit dem Dreißigjährigen Krieg in Trümmern. Erstaunlicherweise wurde hier erneut Steingruber als

Architekt berufen, obwohl die baulichen Probleme in Birkenfeld bereits ruchbar geworden waren. Aber der Mann hatte dazugelernt, plante die Erhöhungen im Mitteltrakt und besonders das schwere Mansardendach auf der Gartenseite so, dass der Druck nicht nur auf die Außenmauern wirkte, sondern durch eine massive Mauer vom Kellerfundament bis unters Dach aufgefangen wurde. Und immer noch wird.

Bis heute steht das Schloss auf den alten Fundamenten und zum Teil auf den Gewölben der Wasserburg, die hier vorher stand. Der Mauer aber ist es zu verdanken, dass bis heute keine gravierenden Baumängel aufgetreten sind. Wer der Mauer etwa Dankeskränze zu Füßen legen möchte, kann selbige besuchen. Überall im Schloss ist sie zu finden, aber sie beginnt im Keller. Man muss nur im Haupteingang links die Treppe hinabsteigen. Ganz unten rechts sieht man sie, die konisch nach oben führende Backsteinmauer. Im Erdgeschoss tritt sie, nur durch die Eingangstür unterbrochen, als dicke Innenmauer des Unteren Saales in Erscheinung. Später, etwas schmaler findet man sie als Trennwand zwischen Vorsaal und Oberem Saal. Und schließlich begegnet der Besucher ihr im Dachstuhl, wo sie geradezu filigran zu nennen ist. Fast unscheinbar. In ihrer Festigkeit ist sie nur durch zwei Türöffnungen unterbrochen. Mit einem Wort: genial.

Sicherlich wissen und wussten neun von zehn der Rentweinsdorfer Rotenhans nichts von dieser Mauer. Philipp Ortenburg habe ich sie einmal gezeigt, er verfärbte sich grün vor Neid.

Hinter das Geheimnis der Mauer bin ich übrigens auf Mallorca gekommen. Während sich auf Ibiza Häuser quasi im arabischen Stil Kubus an Kubus reihen, baute man auf Mallorca zunächst ein Haus über zwei Ebenen und einem Dach mit nur einer Neigung. Wuchs die Familie, durchbrach man die hintere Wand für eine Tür, baute eine weitere Wand parallel hinzu und deckte alles durch ein Dach mit Neigung in die andere Richtung ab. Irgendwann fiel mir bei einem Besuch in der alten Heimat auf, dass die Türen zum Unteren und zum Oberen Saal dem mallorquinischen System ähneln. Ich ging in den Keller hinunter und sah, dass die Mauer bis zum Fundament hinunterführt.

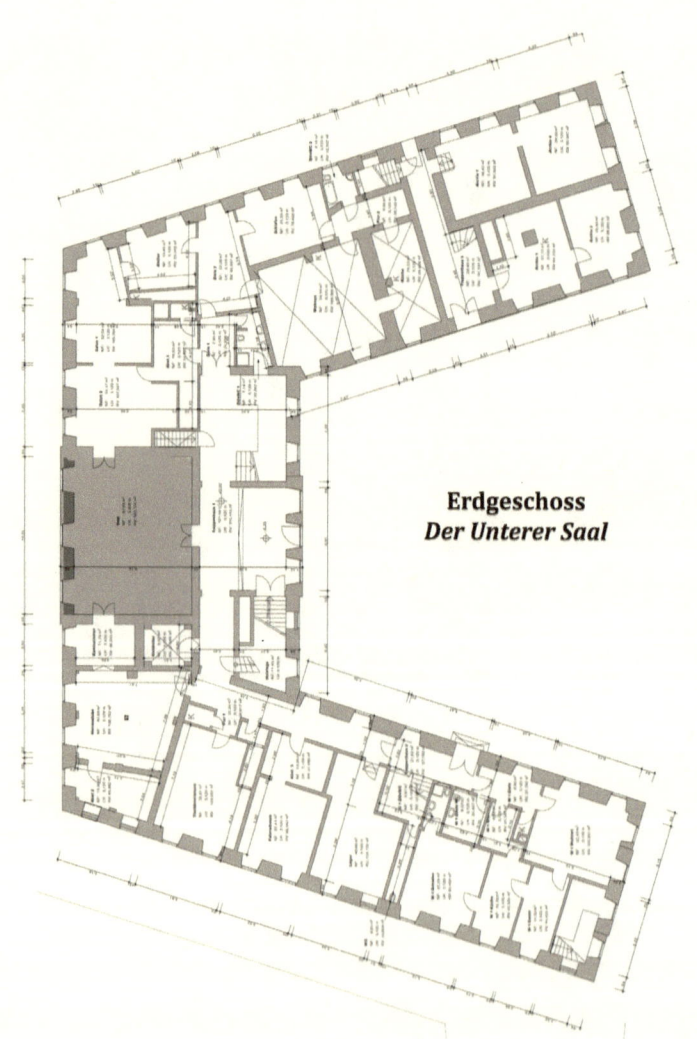

Erdgeschoss
Der Unterer Saal

Der Untere Saal
Der verschwundene Buckel, der Durchblick
und die Schwitzepfoten

Der Untere Saal ist für mich das Prachtstück des Hauses. Die Familie von Ur-Urgroßvater Hermann nutzte den Saal noch als Wohnzimmer. In meiner Jugend wohnten im Schloss neben unseren Großeltern haufenweise entfernte Tanten und Onkels. In unregelmäßigen Abständen starben diese und wurden im Unteren Saal aufgebahrt. Unter Nichtachtung der bayerischen Bestattungsverordnung, das nur nebenbei. Wir Kinder schliefen damals im Arabesken Kabinett, im obersten Geschoss an der Süd-West Ecke des Hauses. Das lag zum Unteren Saal in größtmöglicher Distanz. Dennoch beschlich mich das Gefühl, die jeweils unten aufgebahrte Leiche stünde nachts auf, käme ins Schlafzimmer, um mich an den Fußsohlen zu kitzeln. Diese manchmal zwei Nächte dauernden Aufbahrungen habe ich in verkrampfter Embryostellung schlaflos zugebracht.

Schließlich starb Tante Kaula und hielt im Unteren Saal Einzug. Tante Carola, wie sie eigentlich hieß, war die kinderlos gebliebene Frau von Onkel Hans, dem älteren Bruder von Üpä, unserem Großvater. Sie ging über einen Stock gebeugt. Ihre Erscheinung war nicht furchterregend, aber ein Sympathieträger war sie nicht.

Als sie starb, gab es noch eine Gärtnerei auf dem Gelände, die uns mit Gemüse, Erdbeeren und Blumen versorgte. Herr Bakwitz, ihr Leiter, schmückte den Sarg mit Rosen. Anschließend verbreitete er, wie er die jungen Herrschaften–

unsere Eltern–dabei beobachtet habe, als sie „hamfelweise" Edelsteine in den Sarg der Verstorbenen gefüllt hätten. Auch mein Bruder Mathias, Thia genannt, zeigte auffälliges Interesse. Damals knappe fünf Jahre alt, wollte er die Angelegenheit wohl genauer betrachten. Mudda ertappte ihn, als er am offenen Sarg so etwas wie Klimmzüge vollführte. Tante Kaula war die erste Leiche, die ich je sah. Aufgebahrt hatte sie zu meiner Verwunderung keinen Buckel. Sie sah aus wie eine gealterte Version von Genoveva, eine Illustration von Adrian Ludwig Richter, die ich aus einem unserer Bilderbücher kannte.

Doch weg von den Gruselgeschichten und zurück zur Pracht des Unteren Saales. Kinder und geistig Zurückgebliebene mögen keine Veränderungen, heißt es. Als Kind fand ich es skandalös, als bei der Renovierung des Unteren Saals die malerischen Expressionen von Tante Kaula auf den Supraporten entfernt wurden. Sie hatte in die Felder über den Türen, „supra portas" mit roter Lackfarbe Bilder hineingemalt, die offenbar nur ihr gefielen. Jetzt sind diese Supraporten in den ursprünglichen Zustand versetzt und leer.

Von Anfang an war geplant, dieses architektonische Prunkstück nicht mit Wandmalereien, Gobelins oder anderem Schnickschnack zu dekorieren. Zu den Eigenheiten meiner Heimat gehört es, dass es fränkische Metzger lieben, alles „rauszukacheln".

Johann Friedrich, der Schlosserbauer, sah das offenbar auch so, zumal er bei dem Gedanken an eine bevorstehende Renovierung schon damals meinte, dass dieses Material ewig hielte und darüber hinaus auch abwaschbar sei. Er wandte sich an Balthasar Neumann, der damals in Fabrikschleichach im Steigerwald eine Kachelfabrik betrieb. Man begann über den Preis zu verhandeln. Doch irgendwann fand Meister Neumann, der Rotenhan verhandelte nicht, vielmehr handele er. Balthasar Neumann, der geniale und geachtete Architekt griff zur Feder und empfahl dem Baron, doch lieber auf dem Viehmarkt in Würzburg zu feilschen, denn dort gäbe es „der jüdischen Viehhändler viele". Verschnupft entschloss sich Johann Friedrich, die Kacheln in Delft kaufen zu lassen. Er war sauer, um es milde auszudrücken. Er kaufte so viele Kacheln, dass noch in meiner Jugend – immerhin 200 Jahre später – stets Delfter Kacheln als Untersetzer für Tee- und Kaffeekannen, Spritzelwasserflaschen und Vasen benutzt wurden.

Neben der Tür zum Unteren Saal hängen zwei riesige Ölgemälde. Sie stellen den Herzog und die Herzogin von Coburg dar. Doch wie kamen sie ins Schloss? Meine Ur-Ur-Ur-Urgroßmutter Johanna Wilhelmine von Seckendorff, war Kammerzofe der Herzogin gewesen und bekam diese Bilder als Geschenk zur Hochzeit. Die guten Sitten erforderten es, bald einen Antrittsbesuch in Coburg zu machen, zu dem der bereits erwähnte Johann Friedrich, ihr Ehemann, achtspännig vorfahren wollte.

Er war damals noch nicht mal Generaldirektor der Reichsritterschaft, dennoch schien es ihm an Selbstbewusstsein nicht gemangelt zu haben. Eine durchaus typische rotenhansche Eigenschaft. An der Grenze zum Herzogtum wurde er zu seinem Ungemach angehalten und aufgefordert, entweder abzuspannen oder umzudrehen, denn achtspännig dürften nur regierende Fürsten im Herzogtum reisen. Wutentbrannt kehrte er um. Im nächsten rotenhanschen Hof ließ er acht Ochsen vorspannen, um mit diesen in Coburg einzuziehen.

Wie die Gartenfront des Unteren Saals zeigt, hätte er auch drei Eingangstüren vertragen. Aber wir erinnern uns an die Mauer. Genial hat der Architekt Steingruber aus der Not der Ein-Tür-Lösung etwas Wunderschönes geformt. Es öffnet sich ein Blick durch den Eingang, durch den Saal und über die Altane genannte Gartenterrasse und weiter hinaus bis nach Hebendorf. Unsere Mutter hat diesen Blick sehr geliebt. Im Sommer vor ihrem Tod hat meine Schwester Christiane mit Hilfe meiner Frau Brigitte ihr ein kleines Fest zu dritt auf der Altane ausgerichtet. Als sie den Weitblick vom Schlosshof durch das Schloss bis nach Hebendorf sah, war sie den Tränen nah und sagte: „Ich habe das Rentweinsdorfer Haus immer geliebt, aber diesen Blick liebe ich am meisten. Ich freue mich, dass ich das noch einmal erleben darf."

Im Unteren Saal feierten wir rauschende Feste. Familienfeste zunächst, wie Silberne Hochzeiten, und dann das erste Riesenfest nach dem Krieg, die Goldene Hochzeit von Üpä und Ümä, unseren Großeltern. Dieses Fest bebte noch jahrelang nach. Ich weiß nicht, ob meine Erinnerung unmittelbar ist oder sich aus den Erinnerungen der anderen speist. Die Aufführungen müssen jedenfalls großartig gewesen sein. Es wurde extra ein Tanzlehrer engagiert, der den Komparsen die richtigen Schritte der Quadrille beibrachte. Autorin war – wer sonst – meines Vaters Schwester, Tante Hesi. Die Rolle der Autorin gab sie wegen ihres Talents auch bei den Aufführungen zur Silbernen Hochzeit von Tante Titta und Onkel Otto Boltze. Sie war die jüngste und eleganteste Schwester meines Vaters. Als Kinder haben sie miteinander gespielt und gestritten. Das ging so weit, dass Dadi in der Wut einen leeren, ich betone ‚leeren', Nachttopf auf

Ümä und Üpä an ihrer Goldenen Hochzeit 1952

ihrer Nase zertrümmerte. Das Nasenbein war gebrochen, und seither zierte Tante Titta ein wohlansehnlicher griechischer Zinken. Und unser Vater betonte immer wieder, dass sie diesen nur ihm zu verdanken habe.

Ball im Unteren Saal

Später kamen die sogenannten Brandenburger Feste hinzu. Schließlich war Dadi Zögling der Ritterakademie Brandenburg gewesen und nach dem Krieg ging es zu wie beim Propheten Micha ganz unter dem Motto: „Und du Rentweinsdorf, das du klein bist unter den Schlössern der Zöglinge..."

Er war fast der Einzige, der nach dem Krieg noch ein Schloss hatte. All die geflohenen preußischen Junker verdienten ihre Brötchen nun als BND-Agenten, Gebrauchtwagenhändler, Industriebosse oder Hungerleider. Im Westen zwar, aber ohne Schloss. Deshalb fanden die Treffen der Brandenburger mehrmals in Rentweinsdorf statt. Als Kinder durften wir zuschauen und waren begeistert vom tänzerischen Können unseres Vaters im Frack und der anmutigen Eleganz unserer Mutter im langen Abendkleid.

Aus heutiger Perspektive betrachtet handelte es sich um traurige Ereignisse, denn man machte sich für ein paar Stunden vor, es sei nichts passiert. Als habe es so etwas wie einen Krieg nicht gegeben. Das tat dem prachtvollen Ambiente keinen Abbruch: Der Saal war von den vielen Kerzen auf dem Kronleuchter erhellt. Diese wiederholten sich in den unregelmäßigen Spiegelfacetten über dem Kamin, in dem ein Holzfeuer prasselte. All das und die geradezu funkelnden Delfter Kacheln waren fast überbordend prächtig, rundeten die festliche Stimmung perfekt ab.

Im Mai 1959 starb Üpä, ausgerechnet an Kirchweih, als auf dem Planplatz vor dem Schloss, Schießbuden und Karussells aufgebaut worden waren. Wir durften natürlich nicht auf den Rummel. Üpä starb übrigens unter den Händen des Baders, der täglich zum Rasieren kam. Mit der einen Hälfte war dieser schon fertig, als er den Tod bemerkte, die Nachricht meinem Vater überbrachte und nach Hause ging. Damit er sein Werk vollendete, musste der Bader erneut herbeigebeten werden.

Und wieder ging die Familie in den Beerdigungsmodus über: Aufbahrung im Unteren Saal, kein Blumenschmuck, dafür viele junge Buchentriebe aus seinem geliebten Wald. Wenn sie ausschlagen riecht für mich die ganze Welt so wie damals der Untere Saal. Immer dann denke ich an meinen Großvater im offenen Sarg. Die gefalteten Hände auf seiner Brust waren verfärbt. „Warum hat denn der Üpä blaue Flecken an der Hand?" fragte ich meinen Vater bei der Aussegnungsfeier. Ich solle still sein, zischelte er, das sei ein Gottesdienst. Sehr viel später erfuhr ich, dass der Bader noch ein drittes Mal bestellt wurde, um meinem Großvater die Pulsadern zu öffnen – nachdem der Amtsarzt den Tod festgestellt hatte. Dieses Versprechen hatte Üpä seinem Sohn abgenommen. Er war verfolgt von der zu Beginn des 20. Jahrhunderts grassierenden Furcht, scheintot begraben zu werden. Eine Angst, die Friederike Kempner, der Schlesische Schwan, unter dem Titel „Das scheintote Kind" im 19. Jahrhundert in Gedichtform gegossen hatte.

Eine weitere Erinnerung verbinde ich mit der Silbernen Hochzeit unserer Eltern. Meine Schwester Nane dichtete „Mutter Courage und ihre Kinder" zu diesem Anlass um. Als einzige Dekoration diente das Autobahnschild der Ausfahrt Hannover-Anderten. Dort wohnte Arthur Richter, der Leiter des pietistischen Marburger Kreises, in dem sich unsere Eltern engagierten. Die Aufführung mutete fast avantgardistisch an, denn Nane und ich bemerkten bei der Hauptprobe, dass ich ihr vorgab, wie sie die Mudda spielen solle und sie mir, wie ich den Dadi. Folgerichtig tauschten wir die Rollen. Der Abend geriet zum rauschenden Erfolg.

Einmal im Jahr wurde im Unteren Saal das Krippenspiel aufgeführt. Und zwar immer das Gleiche. Ich denke, es war unsere Mutter, die den Text zusammenstellte. Keine besonders anspruchsvolle Aufgabe, denn es handelte sich um die einschlägigen Stellen aus dem Alten und Neuen Testament. Es spielten die Kinder der Arbeiter und Angestellten. Mitmachen durfte, wer stehen konnte und noch nicht konfirmiert war. Die übliche Karriere startete man als Engel, später als kerzenhaltender Engel. Noch später wurden aus den Buben

Hirten und die Mädchen schlüpften in die Rollen verschiedenster himmlischer Boten.

Wir mussten viel „ausserlawendich" auswendig lernen, und das statt Schlitten zu fahren. Bitter. Die Kinder, deren Eltern beim Kugelfischer arbeiteten, mussten das nicht. Sie wurden in den Nachbarort nach Ebern mit dem Bus gekarrt, wo in der Werkskantine Plätzchen, Nüsse und manchmal sogar Mandarinen aufgetischt wurden. Der nur hier als solcher bekannte „Niggelaus" kam und jeder ging mit einer Geschenktüte nach Hause.

Mudda, die Regisseurin kämpfte derweil einen schier aussichtslosen Kampf gegen runtergeleierte Verse und fränkische Aussprache. Es geht eben bei den Prophezeiungen nicht um der Hölle Bein sondern um der Hölle Pein. Beliebt war die Rolle der Maria, weil die nichts zu sagen hatte. Demzufolge hätte auch der stumme Josef beliebt sein müssen. War er aber nicht, weil er sofort im Geruch stand, in die Maria verliebt und daher ein „Mädlesschmegger" zu sein. Das war damals die größte, denkbare Schande für vorpubertäre Buben. Wer das Krippenspiel mehrmals mitmachte, kann bis heute die Weihnachtsgeschichte auswendig aufsagen. Allerdings nur auf fränkisch: „Un die Hirdden kehrden wieder umm, briesen un lobbden Godd für alles, was sie gehörd un gesehen haddn."

Bei der Aufführung saßen an die hundert Arbeiter und Angestellte mit ihren Familienangehörigen auf Bierbänken und verfolgten gespannt, was ihre Sprösslinge aufführten. Wenn einer stecken blieb, war es durchaus normal, dass von hinten ein Elternteil die Faust hob und dem Unglücklichen ein „kumm ner ham, Fregger!" entgegenschleuderte.

Ümä, die in den Räumen rechts vom Unteren Saal wohnte, hatte über die Jahre ein ausgeklügeltes System entwickelt, mit dem sie im Sommer die Wohnung kühl hielt und im Winter Zugluft vermied. Dazu ließ sie im November einen riesigen Teppich vor der Tür aufhängen. Beim Krippenspiel diente er einem weiteren Zweck: Dahinter waren die Heiligen Drei Könige versteckt, die als letzte auftraten.

Die männliche Karriere beim weihnachtlichen Schauspiel fand ihren Höhepunkt im Jahr vor der Konfirmation als König. Jeder kann sich vorstellen, dass es für Dreizehnjährige entsetzlich langweilig ist, eine dreiviertel Stunde hinter einem Teppich auf eingeschränktem Raum mit zwei weiteren gekrönten Häuptern zu warten, während die anderen davor deklamieren und singen. Man knuffte und schubste sich, wenn auch lautlos. Den Auftritt der Könige erwarteten die Zuschauer mit besonderer Spannung, besonders auf die zerknautschten Kronen auf ihren Häuptern. Und ja, es wurde gesungen.

Die Rolle der Chorleiterin übernahm Mudda, die von sich selbst behauptete, sie sei unmusikalisch. Für die männlichen Stimmen engagierte sie Dadi und gerade verfügbare Forst- oder Agrar-Adjunkte, während sie die weiblichen beim Personal des Büros und der Küche zusammensuchte. Den Höhepunkt bildete stets der Quempas, ein mehrstimmiger Hirtenchoral. Zum Schluss sangen alle gemeinsam „Oh du fröhliche" und bekamen ein Weihnachtsgeschenk. Die Erwachsenen eine Tüte mit Fressereien und die Kinder ein Spielzeug. Auch wir bekamen eins, was ich immer ungerecht fand, denn wir waren nicht die Kinder der Arbeiter und Angestellten. Ich habe mich aber gehütet, meine Meinung den Eltern kundzutun.

Meine unangenehmsten Erinnerungen an deren Unteren Saal verbinden sich mit Tanzfesten. Seit 1967 durften wir alle teilnehmen. Ich kann nicht tanzen und mache es deshalb so ungern, weil meine Geschwister alle nicht nur gerne, sondern auch besonders vorteilhaft über das gebohnerte Parkett wirbeln. Klar, dass ich mit schweißnassen Händen bedauernswerte junge Damen umfasste und auf ihren Füßen herumtrampelte. Stets versuchte ich mich vor dem Tanzen zu drücken. Mit nur einem Resultat: Dadi scheuchte mich wieder und wieder auf. Schließlich war ich Mitgastgeber.

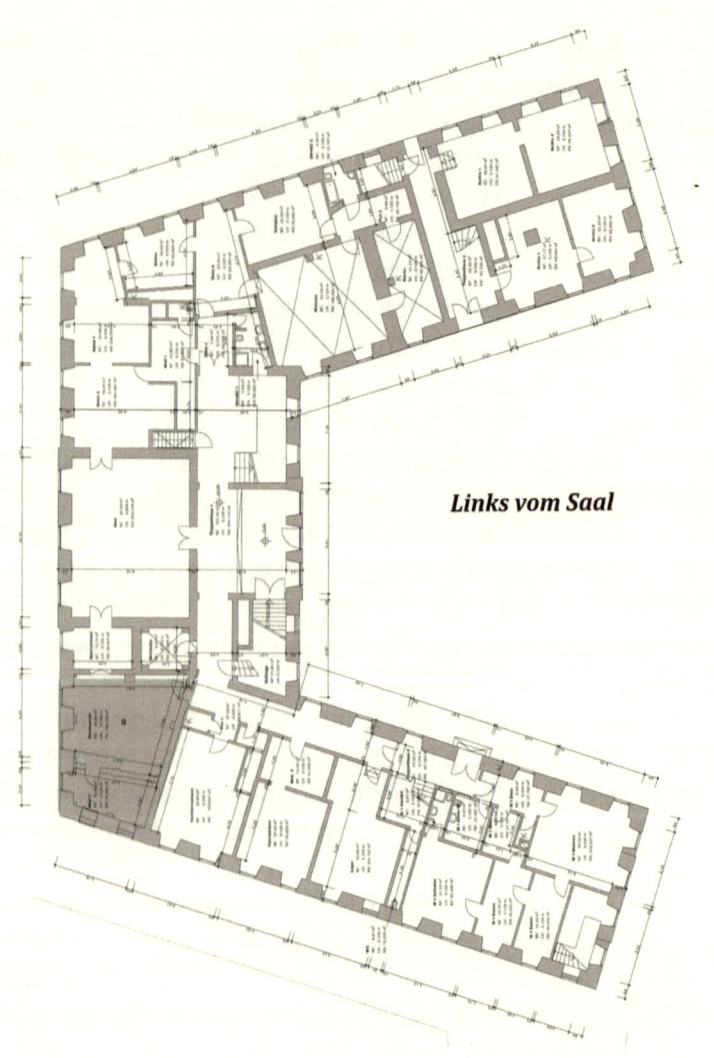

Links vom Saal

Links vom Saal

Es rumpelt in der Kammer, zehn Pfennige
sind viel Geld und man weckt um.

Wenn ein Tanzfest gefeiert wurde, erlangte nebenan das Saalkabinett eine gewisse Bedeutung. Dort wärmten sich frierende Damen am Kamin und die Mauerblümchen konnten so tun, als wäre ihnen kalt.

Aus dem Saalkabinett ist zu berichten, dass Üpä dort als Junge erwischt wurde, wie er mit dem rechten Arm eine imaginäre Kurbel drehte. Er saß im Kamin und hatte seine Augen zugekniffen. „Ich spiele blinder Leierkastenmann" gab er Auskunft. Seitdem war es für seine Eltern klar, dass aus ihm im Leben nichts werden würde. Als Jahre später ein Telegramm kam, in dem er von seiner Beförderung zum Leutnant Kenntnis gab, soll der Urgroßvater Gottfried das Telegramm mit den überraschten Worten „Julie, der Siechfried..." weggelegt haben.

An das Saalkabinett schließt sich die Gewölbstube an. Das Gewölbe ist ein falsches und zeigt, welche baulichen Grässlichkeiten der Ur-Urgroßvater Hermann noch verbrochen hätte, wäre ihm mehr Geld vergönnt gewesen.

In meiner Jugend nutzte Ümä die Gewölbstube als Rumpelkammer. Es umgab sie stets ein Hauch des Geheimnisvollen, weil unsere Großmutter sehr genau darauf achtete, dass sie immer fest verriegelt war. Manchmal gelang es, durch das Saalkabinett hineinzukommen, wenn dort die Tür nicht richtig zugesperrt war. Überall standen

Truhen und Koffer herum. Es stapelten sich Hutschachteln, die Ümä einmal im Jahr benutzte, wenn sie der Lenzer nach Bad Kissingen zur Kur fuhr. Zu diesem Anlass pflegte er seine Chauffeur-Uniform anzulegen, die sich aus schwarzer Schirmmütze, hellbrauner Jacke und gleichfarbigen Kniebundhosen zusammenstellte.

Ümä

Durchqueren wir die Gewölbstube, schließt sich die Räucherkammer an. Auch sie gehörte zu Ümäs Reich, allerdings ließ sie dort nicht mehr räuchern. Wohl aber lagerte sie hier in tönernen Krügen Eier. Eingebettet in eine weiße, teigige Masse sollten sie haltbar gemacht werden, um auch im Winter Eier zu haben. Das war natürlich Quatsch, aber in Ümäs Haushalt wurden gewisse Dinge einfach deshalb gemacht, weil man das schon immer so gemacht hatte. So hielt Ümä über die Jahrzehnte an ihrer Rumpelkammer zäh fest. Währenddessen hütete sich Dadi nach Kräften deren Notwendigkeit in Frage zu stellen. Als ich nach Marburg zum Studieren ging, bat ich Ümä um Messer und Gabel als Erstausstattung. Das war im Jahr 1971. Ich durfte sie in die Gewölbstube begleiten. In einer abgeschlossenen Truhe befanden sich beachtliche Mengen an Besteck aus Stahl. Mir gab sie zwei Messer und zwei Gabeln mit genietetem Holzgriff. Dieses Besteck begleitete mich lange, erst nach Lausanne, später nach München und schließlich nach Ibiza. Die Messer gingen leider verloren, aber die beiden Gabeln haben es bis in den Haushalt unserer Tochter Stephanie nach Berlin geschafft.

Manchmal frage ich mich, wozu Ümä überhaupt eine Rumpelkammer brauchte. Sie lebte mit Kucka, ihrer Haushälterin, und Tante Anne, ihrer Schwester, rechts vom Unteren Saal. Ellel, Kuckas Schwester, wohnte anderswo, aß aber dort. Die Ärmste wurde von Kucka und Ümä geknechtet. Jeden Morgen musste sie auf bloßen Verdacht hin zur Post gehen. Die befand sich damals im Heyerschen Haus neben der Tankstelle im Unterdorf. In der Poststelle musste sie fragen, ob für die alte Frau Baron ein Paket oder Päckchen angekommen sei. Dazu muss man wissen, dass der Postbote für die Zustellung eines Paketes oder Päckchens einen Zehner, ich spreche von zehn Pfennig, bekam. Diese Verschleuderung von Geld wollte Ümä vermeiden.

Damit ist allerdings die Frage, warum Ümä trotz ihres überschaubaren Haushaltes eine Rumpelkammer brauchte, noch nicht beantwortet. Als Ümä nach der Auflösung des Kondominats vom Lichtenstein nach Rentweinsdorf zog, nahm sie von dort ihren gesamten Hausstand mit. Dazu gehörten auch größere Mengen von eingewecktem Obst und Gemüse. Die Gläser, beschriftet mit „Pflaumen 1947", „Wirsing 1938" oder „Erdbeeren 1945", landeten in einem Schrank in der Gewölbstube. Ümä brauchte ihren eisernen Vorrat allerdings nicht peu à peu auf, es gab ja genügend Frisches aus der Gärtnerei. Vorräte wegzuwerfen kam selbstverständlich nicht in Frage. Sie wurden aufbewahrt für schlechte Zeiten. Fast unglaublich ist, was später in den 60er Jahren geschah: Kucka wurde beauftragt, die Weckgläser zu öffnen - und zwar um deren Inhalt erneut einzuwecken. Auf dass sie weitere 20 Jahre hielten!

Nach Ümäs Tod sorgte Dadi für die Entsorgung dieser geheiligten Vorräte. Das lief damals erheblich einfacher ab als heute. Die Mülltrennung war noch nicht erfunden. Man packte alles auf einen Anhänger, spannte einen Traktor davor und fuhr den gesamten Pröll hinaus aufs „olda Gärümbl" am zweiten See.

Unsere Großmutter hat nie fliehen müssen, wohl auch nie in ihrem Leben gehungert. Aber nach dem ersten Weltkrieg hat sie viele Balten auf der Flucht erlebt. Deren Schicksal hat im gesamten Adel Deutschlands zu erheblicher Verunsicherung geführt, weil die baltischen Standesgenossen die ersten waren, die ihren angestammten Besitz verlassen mussten. Später waren Ümäs Verwandte alle gezwungen, aus Pommern zu fliehen. Und der Krieg kam ihr sehr nah, denn von der Burg Lichtenstein, auf der sie bis nach dem Krieg wohnte, war „der Russe" nur noch 10 Kilometer entfernt. Motiv genug, sie nervös werden zu lassen. Dass der Leiterwagen, der zu einer möglichen Flucht benutzt worden wäre, unter der Last der Weckgläser zusammengebrochen wäre, brauche ich wohl nicht extra betonen.

Aber was Not ist, dass wusste Ümä. Sie erzählte mir, dass

sie als Offiziersfrau im Berlin des ersten Weltkrieges große Mühe hatte, die Kinder satt zu bekommen und deshalb immer sehr dankbar war, wenn aus Schönrade, wo Ümä herstammte, mit der Bahn eine Lieferung Milch, Butter und Eier ankam.

Kurz nach ihrem 90. Geburtstag starb Ümä im Jahr 1972. Nun konnte man daran denken, die Gewölbstube zu möblieren. Nach Festen trafen sich dort die Unermüdlichen und tranken aus, was in den Bowlentöpfen übrig geblieben war.

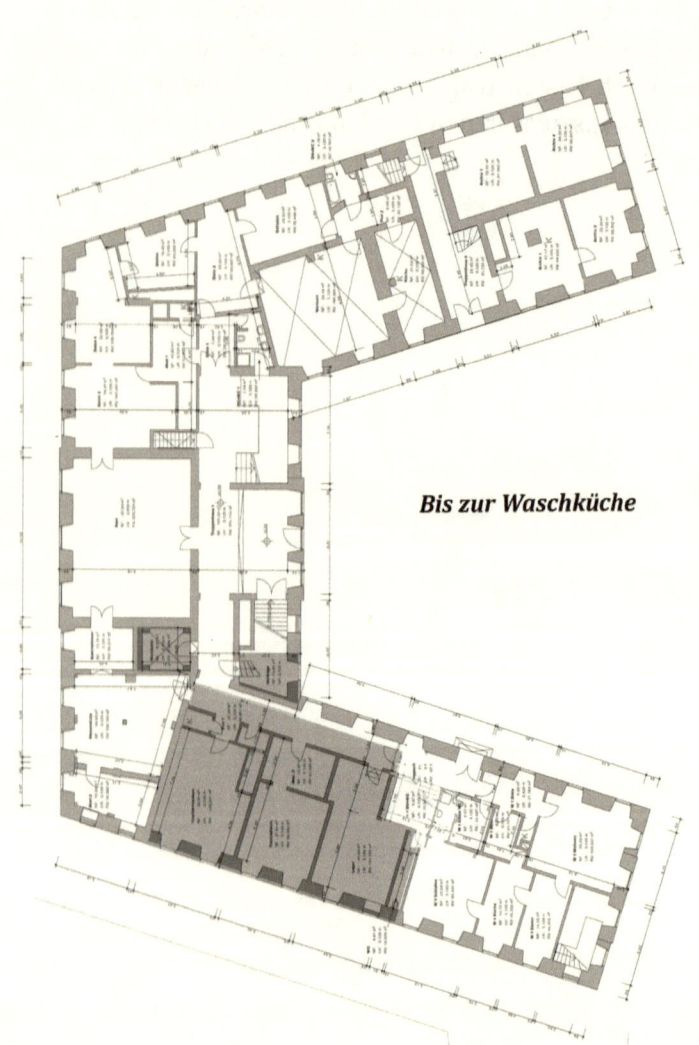

Bis zur Waschküche

Bis zur Waschküche
Von Pfauen, Toten, Ratten und einer Stehbrunshose

Wer vom Unteren Saal aus den Gang entlang geht, bemerkt, dass dieser schon bald nach links abknickt. Noch vor dieser Kurve liegen sich der Pfauenstall und die Totenkammer gegenüber. Ersterer befindet sich über dem Gewölbe der Treppe, die vom Eingang in den Keller führt. Der Schlosserbauer soll dort seine Pfauen untergebracht haben, wenn es den Tieren im Park zu kalt wurde. Zu unserer Zeit sperrten wir in dieser Kammer kein Federvieh oder sonstiges Getier mehr ein. Zunächst lagerte dort Kohle, später das Brennholz für den Kamin im Unteren Saal. Auch die „Dannabetz", die man zum Bratwurstbraten braucht, fanden hier ihren Platz. Dannabetz sind Tannenzapfen. Sie heißen so, obwohl es eigentlich Kieferzapfen sind, und weil Franken alle Nadelbäume für Tannen, Dannen genannt, halten, sind sie fast schon ein Synonym für Wald, wie man gleich sehen wird: Pfarrer Laacke, der Ortspfarrer, ging mit uns im Religionsunterricht das Glaubensbekenntnis durch. Bei der Stelle „von dannen er kommen wird, zu richten die Lebendigen und die Toten", fragte er die Schüler: „Woher kommt er denn, der Herr Jesus, wer weiß das?" Die Antwort kam blitzschnell: „Aus'n Wald". Der Pfarrer verstand natürlich gar nichts und als er nachhakte, hörte er: „No ja, hald vo die Dannen".

Zurück ins Schloss. Dem Pfauenstall gegenüber gruselt die Totenkammer. Sie ist etwa zwei Stufen tiefergelegt und der Boden besteht aus massiven Quadern. Der Leser kann sich den Raum wie eine Art Wanne vorstellen. Wenn früher jemand starb, kam Eis hinein. Damit wurde der Sarg gekühlt. Die Leiche blieb so einigermaßen frisch, denn die Beerdigung konnte schließlich erst stattfinden, wenn alle Lieben eingetroffen waren. Und das dauerte in der Regel eine Woche. Das nicht nur zu diesem Zweck benötigte Eis wurde im Winter auf den Karpfenteichen „geerntet" und in einem besonderen Keller, der Eisgrube, aufbewahrt.

Offenbar war es früher ganz normal, dass es auf Beerdigungen roch. Den Wahnsinn bei Spaniens Königin, Johanna der Wahnsinnigen, machten Zeitzeugen unter anderem auch daran fest, dass sie sich nicht vom stinkenden Sarg ihres verstorbenen Mannes trennen mochte. Ur-Urgroßvater Hermann starb am Sommer 1858 in Buchwald, dem schlesischen Besitz seiner Frau Marline. Seine Beerdigung in Rentweinsdorf soll der Überlieferung nach eine Geruchsorgie gewesen sein. Deshalb verfügte Ur-Urgroßmutter Marline, dass sie dort begraben werden möchte, wo immer sie stürbe. Sie liegt auf dem so schönen Friedhof von Neuenhof in Thüringen.

In unserer Jugend nutze niemand die Totenkammer, weder für Tote noch für etwas anderes. Ich ging manchmal rein, um mich im Gruseln zu üben. Es gab darin nicht einmal elektrisches Licht.

Heute ist die Totenkammer einer sehr viel profaneren Nutzung zugeführt worden. Mein Bruder Sebastian bewahrt dort seine sehr empfehlenswerten Weine auf.

Kommt man aus der Totenkammer wieder lebend heraus, dann geht es rechts zur „Alten Küche". Die kenne ich nur als Rumpelkammer oder Fahrradstall. Bis zum Zweiten Weltkrieg befand sich dort die Gutsküche. Ob hier auch alle Landarbeiter, Kutscher, Pferdeknechte, Melker, Gärtner, die Schmiede, der Schreiner, der Maurer, die Erntehelferinnen, die Traktorfahrer, die Bierkutscher und die Brauer verköstigt

Badda, Nane, und Hans 1957

wurden, weiß ich nicht. Erst recht nicht, wo sie sich zum Essen hinsetzten. Dadi erzählte, dass am Eingang ein Schild angebracht war, auf dem stand, dass pro Kopf nicht mehr als zwölf Klöße ausgegeben würden.

Zudem behauptete Dadi immer, dass die Franken in ihre runde Kartoffelspezialität so verliebt seien, dass sie das „weiche G" am Anfang von Kloß so weich aussprächen, dass es fast wie Dlöß klingt.

Als ich noch sehr klein war, konnte ich noch die alten eingebauten Herde und Backöfen der Küche bewundern. Ich fand, es roch komisch und hatte den Eindruck, dass sich hinter den Ofenrohren geheimnisvolle Dinge tun. Später ließ Dadi die Öfen herausreißen und die Kamine zumauern. Offenbar fungierten sie als Einfallstor für so manches Ungeziefer.

Mudda, die hysterische Angst vor Mäusen oder gar Ratten hatte, meinte, hier hausten Letztere. Bevor sie die Alte Küche betrat, hat sie immer an die Tür „gebumbert", wie sie sich ausdrückte. Das heißt, sie hat mit der Faust gegen selbige geschlagen, damit die Ratten genügend Zeit hatten, sich zu verstecken. Bis heute ist in der Alten Küche alles beim Alten geblieben. Rasenmäher, Fahrräder, Sommermöbel und Gummistiefel

Der Nordflügel

werden darin aufbewahrt. Ratten habe ich dort nie gesehen.

Es schließt sich das neue Archiv an, ein schrecklich langweiliger Ort. Dort lagern hauptsächlich Rechnungen aus vergangenen Zeiten. Diese Räume hatten früher einen ungewissen Status mit wechselnden Namen. Rumpelkammer für Tante Irmgard, die Kuckas oder Freuln Kühl? Wie dem auch sei, es rumpelte dort zu sehr, die Trennwände zwischen den Räumen waren eingestürzt. Der Nutzwert lag somit bei null. Es herrschte ein unbeschreiblicher Gammel, in den wir Kinder uns manchmal hineinwagten, immer in der Hoffnung, etwas Brauchbares zu finden. Wir fanden aber nie etwas, erst recht keine Schätze.

Alle diese Zimmer waren dunkle Löcher, die nie auch nur den Hauch des Sonnenlichtes sahen. Kein Wunder, denn sie gehen nach Norden hinaus. Aber damit nicht genug. Der Urgroßvater ließ etwa sechs Meter davor die sogenannten Fasshallen hinstellen. Er brauchte sie für die von ihm gegründete Brauerei und da waren ästhetische Überlegungen schlicht fehl am Platz. Mit der Brauerei wurden unterdessen auch die Fasshallen abgerissen. Der Bauschutt dient zur Verfüllung der Brauereikeller, die somit unbegehbar sind. Mich beschleicht beim Gedanken daran immer ein gewisses Unbehagen, schließlich sind diese Gewölbe unter anderem das Fundament des Schlosses.

Auf dem Gang zwischen neuem Archiv und Waschküche stand die Kostüm-Truhe. Fundus für alle Arten von nicht mehr getragenen Kleidern, beginnend mit Tante Kaulas „Stehbrunshosen" bis hin zu Muddas fast antik zu nennenden Ballkleidern.

Eines war für damalige Verhältnisse geradezu unanständig tief dekolletiert. Es war ein trägerloses, dunkelblaues Gebilde mit silbernem Tüll darüber. Mein Vetter Schorsch kostümierte sich einmal zu Fasching damit: un-wider-stehlich! Diese Truhe fungierte als unser ultimativer Theater- und Faschingsfundus. Hier fanden sich aber auch Dadis und Üpäs

Uniformen und eine blaue Jacke, auf deren Rücken die Buchstaben „PoW" aufgedruckt waren. „Prisoner of War". Mit dieser Jacke kam Dadi aus der Gefangenschaft in den USA zurück. Als ich noch gertenschlank war, habe ich einmal Üpäs Leutnantsuniform angezogen und bin damit nach Erlangen gefahren, um meine Patentante Spootz, die Schwester meiner Mutter, im Krankenhaus zu besuchen. Auf der Straße fragten mich die Leute, um was für eine Uniform es sich handele. Ich machte ihnen weis, dass ich Luxemburgischer Major auf NATO-Mission sei. Die Menschen glaubten mir. Mutter kommentierte diese Episode mit den Worten, man triebe mit Uniformen keinen Schabernack, „immerhin haben dein Großvater und dein Vater darin ihr Leben aufs Spiel gesetzt." Seitdem hingen die Uniformen auf richtigen Kleiderbügeln in einem Schrank.

Zurück in den Gang: Jetzt kommt rechts die Tür, die in die Waschküche hinabführt. Sie befindet sich etwa einen Meter unter dem Niveau des Ganges und ist das „unschlossigste" Zimmer im ganzen Haus. Einige Stufen aus grob behauenen Quadern führen hinunter. Links im Eck steht der Waschzuber, unter dem die Waschfrauen das Feuer schürten, damit die Lauge auf Temperatur kam.

Später zog eine Waschmaschine in den Haushalt ein. Dazu wurde rechts ein Sockel aus Beton gegossen, auf den das Ungetüm geschraubt wurde. Das Ding bestand aus einer riesigen, elektrisch betriebenen Trommel mit Bullauge. Darunter befand sich eine Feuerstelle, die angeschürt werden musste, ähnlich wie beim Zuber gegenüber. Wenn Waschtag war, saß Herr Losert die ganze Zeit vor dem Bullauge. Er war schlesischer Flüchtling, der mit seiner Frau auf der anderen Seite des Schlosshofes wohnte. Ihm oblag es, durch Nachlegen oder sonstiges geschicktes Handeln die Temperatur der Waschmaschine im richtigen Bereich zu halten, damit die Wäsche sauber wurde und die Maschine nicht platzte. Gemeint ist natürlich, dass sie nicht explodierte, aber solch komplizierte Worte kannten wir nicht.

Ach, auch unsere Gummistiefel standen zunächst hier. Wir Kinder besaßen keine eigenen, wir brauchten an sich auch gar keine. Wenn doch, zog jeder irgendwelche mehr oder weniger passende an, in denen dann die kleinen Füße rumschlabberten. Wir liebten es, mit dicken Socken in den Stiefeln Schlitten zu fahren. Einmal versuchte ich, mir die Schlittschuhe an die Gummistiefel zu schrauben. Ich kann bis heute nicht Schlittschuh laufen...

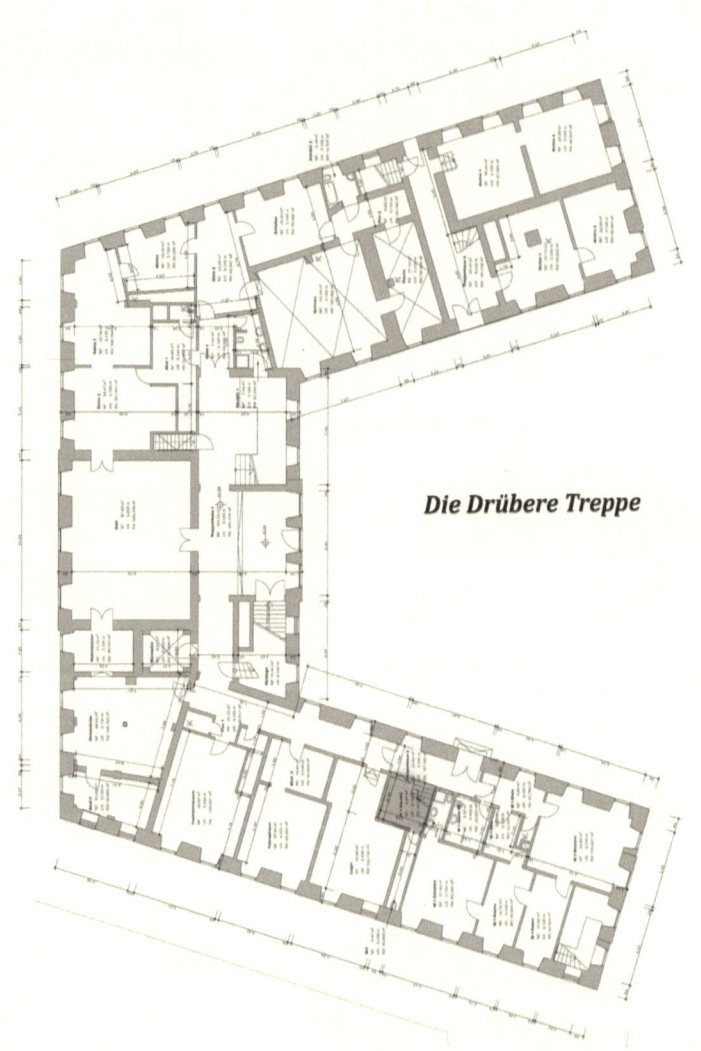

Die Drübere Treppe

Die Drübere Treppe
Von Versuchungen und fremden Dachböden

Weil wir im Südflügel wohnten, war die Treppe im Nordflügel die „Drübere" Treppe. Sie führt von der Tür mit der lateinischen Inschrift zunächst ins Zwischengeschoss. Dort lebten Üpä und alle zu seinem Haushalt zählenden Personen. Im Obergeschoss wohnten im Zimmer ganz hinten neben der „Braunen Stube" die Mädchen, die im Haushalt der Eltern arbeiteten. Das war, wie sich herausstellen sollte, eine Versuchung, der nicht jeder Jungbursche widerstand.

Zunächst aber fiel Üpä die Treppe hinunter. Auf dem Schlosshof hörten wir ein unglaubliches Getöse. Der rumpelnde Krach kam aus Richtung der Treppe. Wir rannten hin und sahen unseren Großvater am Fuße der Treppe liegen. Er schüttelte sich drei Mal, besah die blauen Flecken, die er davon getragen hatte und ging seiner Wege. Beim Mittagessen kommentierte Dadi das Geschehen: Reiter wissen eben, wie man sich beim Fallen zu verhalten habe. Das hat mir unheimlich imponiert, denn ich hatte immer aufgeschlagene Knie. Kein Wunder, ich konnte ja auch nicht reiten.

Unsere Mutter kam aus Thüngen. Mit ihr hielten Luise Hohnhausen, jetzt Genslein, und deren Schwester, die von mir heiß geliebte „Lidde", Einzug in Rentweinsdorf. Beide verdingten sich als Mädchen bei den jungen Herrschaften, wie das damals noch hieß. Den Versuchungen der Drüberen Treppe konnte in der Folge der Kunzelmanns Christian aus Allertshausen nicht widerstehen. Die Eltern bemerkten die

Eingang zur Drüberen Treppe

Folgen der nächtlichen Besuche wirklich erst, als Lidde auf dem Gang vor dem Elternschlafzimmer ein Mädchen gebar. Das Kind wurde auf den Namen Sigrid getauft und Mudda übernahm die Patenschaft. Der Kindsvater traute sich aus gegebenen Anlass nicht ans Wochenbett. Aber dessen Mutter, die alte Frau Kunzelmann, kam mit der Bahn aus Maroldsweisach und ihr Geschimpfe muss schon im Dorf zu hören gewesen sein, als sie selbst sich noch auf den Stegen zwischen Treinfeld und Rentweinsdorf befand.

Auf dem Schlosshof wurde sie von Mudda empfangen, die sich zunächst ein minutenlanges Lamento anhören musste. Was die Kindsmutter doch für ein Sauluder sei, dass sie ihren Christan verführt habe und den Bangert wolle sie schon mal überhaupt nicht sehen. Gutes Zureden half und schließlich betrat die „Kunzelmänna" das Zimmer, in dem Mutter und Kind lagen, noch immer schimpfend. Als sie jedoch in das Körbchen sah, verklärte sie sich augenblicklich. „Mei anner Christian" Sie wollte damit sagen, dass das Neugeborene genau so aussah wie ihr Sohn Christian, und damit war jeder Vorbehalt gegen das Kind begraben und vergessen. Sie nahm bei erster Gelegenheit die kleine Sigrid mit nach Allertshausen, wohin ich die Lidde manchmal per Bahn zu Besuchen begleiten durfte. Das war immer eine etwas gruselige Angelegenheit, denn dort befand man sich in Sichtweite vom „Russ" entfernt.

Russen spielten in unserer Jugend eine Riesenrolle. Immer wenn es irgendwie krachte oder knallte, fand sich einer, der rief "die Russn kumma!" Ich jedenfalls war wegen der Roten Armee sehr beunruhigt, obwohl uns die Amis vor ihr schützten. Als ich aber erfuhr, dass die Amerikaner übers Meer müssen, um auf uns aufzupassen, während die Russen nur auf das Gaspedal zu drücken brauchen, um zu uns zu gelangen, wandelte sich meine Beunruhigung in blankes Entsetzen. Zumal die Russen, da Kommunisten, Heiden waren. Als Mudda mir erzählte, dass wenigstens die Amis Christen wie wir seien, hat mich das ein wenig beruhigt. Ein allgemeines, diffuses Gefühl von Bedrohung aber blieb.

Um eine weitere Geschichte von der Drüberen Treppe zu erzählen, muss ich etwas ausholen: Als Mudda im Verlauf des Jugoslawienkrieges erfuhr, dass christlich-orthodoxe, serbische Soldaten kroatische Katholikinnen reihenweise vergewaltigt hatten, fühlte sie sehr mit den geschändeten Frauen und deren Kindern: „Da muss jetzemal was geschehn". Und so kam sie auf die Idee, das fränkische Baronat zu bitten, entbehrliche Antiquitäten herauszurücken, um sie zu Gunsten kroatischer Frauen versteigern zu lassen.

Dadi und sie hatten bereits vorher Kontakt zu einem evangelischen Pfarrer-Ehepaar in Zagreb aufgenommen, die sich beide um Vergewaltigungsopfer kümmerten. Der Dreiklang „Pfarrer – evangelisch – kümmern" war absolute Garantie für Ehrenhaftigkeit. Allen war klar, dass Mudda auf den Gedanken mit der Antiquitätenversteigerung nur kam, weil ihr das eine perfekte Ausrede bot, von Tambach über Heinersreuth und Giebelstadt bis Wetzhausen auf den Dachböden ihrer Verwandten und Freunde zu stöbern.

Sie genoss diese Aufgabe und war sicherlich dankbar für die gefundene Ablenkung von der langwierigen, schwierigen und schmerzhaften Erkrankung unseres Vaters. Die erbeuteten Antiquitäten wurden in den nach Norden ausgerichteten Zimmern des mittleren Ganges zwischengelagert. Am Tag vor der Versteigerung halfen mein Freund Berthold Appelmann und dessen Onkel Dieter Schneider, die Gegenstände hinüber in den Marktsaal zu tragen. Dieter Schneider ist der Mann von Bertholds Tante Gerlinde, die viele Jahre zuvor bei uns „Mädchen" war. Als Mudda und ich einige Jahre später bei einem Bier mit Berthold die Kirchweih feierten, erzählte er grienend, „Der Diedä, der Diedä, der hat fei genau gawisst, welcha Stufn gnärzn." Mutter war schockiert.

Die Sache mit der Versteigerung birgt noch eine Nachgeschichte. Aus Holland flog ein professioneller Auktionator ein. Der Herr entpuppte sich als eine „No-Go Doublette" für Mudda: Er war schwul und schwarz. Zu ihrer Überraschung aber machte er seine Sache sehr gut, schließlich kamen über 10.000 Mark zusammen. Dadi und Mudda beschlossen, das Geld persönlich dem evangelischen Pfarrer-Ehepaar in Zagreb zu überbringen. Die Zeiten waren unruhig. Sie zweifelten, ob das mit einer Überweisung klappen würde. Da machten sich die Herrschaften lieber mit mehr als 10.000 Mark in bar in der Tasche auf den Weg nach Jugoslawien. Dort angekommen, übergaben sie das Geld unter Danksagungen, Segenswünschen und Gebeten. Die Eltern reisten in der Überzeugung, ein gutes Werk getan zu haben, in ihr Heimatland zurück. Später stellte sich heraus, dass ein Großteil des Geldes, das in bar und damit schwarz ins Pfarrhaus gekommen war, dazu aufgewendet wurde, der Pfarrerin eine Kur in Österreich zu ermöglichen. Diese sollte ihrer Fruchtbarkeit auf die Sprünge helfen. Mutters trockener Kommentar: „Jetzt hamse der blöden Kuh mit meim Geld die Eileiter durchgeblasn!"

Außerdem weist die Drübere Treppe im oberen Stockwerk eine Besonderheit auf: Man kann den Abgang mit einer kindersicheren Tür verschließen, offenbar damit die Kleinen nicht die Treppe runterbollern. Daran erkennt man, dass der Nordflügel wirklich bewohnt wurde, als das Schloss fertig war, und schon damals die Kinder „Fangerles" auf dem Gang gespielt haben.

Wer sich im 18. Jahrhundert vornehm dünkte, floh die Sonne. Braungebrannt waren nur die Bäuerinnen, die auf dem Feld arbeiteten. Weil die Rokoko-Dämchen alle auf ihre Bleiche achteten, sah man ihre Adern durch die Haut schimmern. Daher kommt die Sache mit dem „blauen Blut" und deshalb diente im Rentweinsdorfer Schloss der Nordflügel als der eigentliche Wohntrakt.

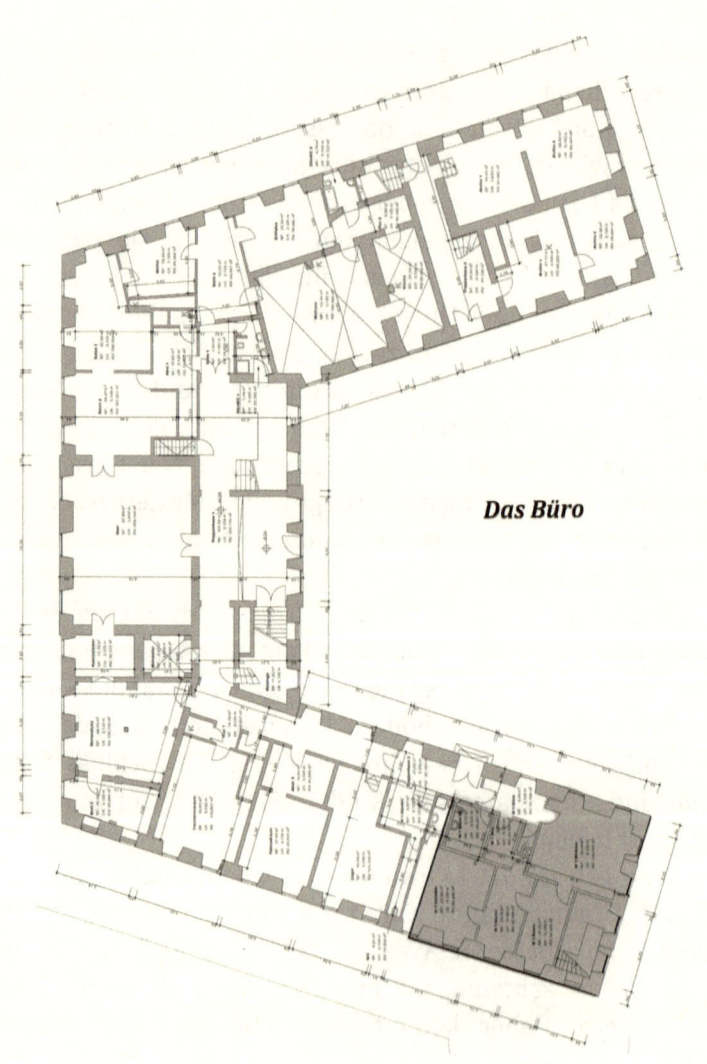

Das Büro

Das Büro

Was ist Lunnern? Was ist ein gsüdner Göcher?
Wer arbeitet wo?

„Freiherrlich von Rotenhansche Brauerei, Guts- und Forstverwaltung". So meldete sich der Mitarbeiter gewöhnlich am Telefon im Büro. Eine Vorwahl gab es damals noch nicht, der Telefonanschluss trug den Namen „Ebern 8".

Etwas versteckt befand sich hier das Büro-Klo, ein an Kargheit nicht zu übertreffender Ort. Ebenfalls vorgelagert waren der Fahrradstall und ein kleines Kämmerlein, in dem in großen Säcken das Abfallpapier aus dem Büro gebunkert wurde. Wenn die Säcke voll waren, bemächtigten wir uns derer und verbrannten den Inhalt auf dem Sandhaufen in kleinen, selbst gebauten Öfen. Der Ort der Tat lag unter dem Esszimmer an der Westseite des Südflügels, dort, wo jetzt das Eyrichshöfer Tor steht, das damals noch in Eyrichshof seinen Platz hatte. Bei der Verbrennungsaktion ging es uns in erster Linie darum, möglichst viel Qualm zu produzieren. Manchmal stank das ganze Dorf, wir und unsere Freunde inklusive.

Ich bewundere noch heute die Langmut unserer Eltern und der Rentweinsdorfer, die diese periodisch wiederkehrende Sauerei aushielten. Wir genossen es, die aus Backsteinen und einem Drainagerohr zusammengebauten Öfen zu befeuern. Helles, loderndes Feuer, war zu vermeiden, weil beim „Lunnern" zu wenig Rauch entstand und durch die Hitze das aus Ton bestehende Rohr platzte.

Im Büro arbeitete Herr Heyer als Kassier und Buchhalter. Er war so kurzsichtig, dass seine Nase buchstäblich auf dem Rechnungsbogen klebte, den er gerade bearbeitete. Dennoch war seine Buchführung stets „eiwamfrei". Neben Herrn Heyers Schreibtisch stand der „eiserne Schrank". Er war aus Tarnungszwecken so angestrichen, dass man dachte, er sei aus Holz. Darin wurde das Bargeld aufbewahrt, das die Bierfahrer heimbrachten und dort warteten am Monatsende die Lohntüten, in denen der abgezählte Verdienst mitsamt den dazugehörigen Biermarken übergeben wurde. Nach dem Tod seiner Frau wohnte Herr Heyer weiter dort, wo in späteren Jahren das sogenannte Bubenkasino Einzug hielt. Davon jedoch später. Manchmal besuchte ihn sein Sohn Hans, der als Lehrer in Schweinfurt angestellt war. Er war mit einer in meiner Erinnerung etwas ausufernden Frau verheiratet. Beider Sohn hieß Hans Walter, mit dem wir herrlich spielten, wenn er nach Rentweinsdorf kam.

Die Eltern als junges Ehepaar

Neben Herrn Heyer arbeitete im Büro Nanna Kuzzer, die nachdem Dresden zerstört war, zu Fuß von dort aus nach Franken gelaufen war. Es handelte sich um Kuckas Schwester, die Ümä den Haushalt führte. Später kam auch noch Betty Waltrapp aus Maroldsweisach hinzu, die sich als Buchhalterin verdingte. Sie kam jeden Tag mit dem „Maroggo-Express" und lief in Treinfeld an den übelwollenden Gänsen vorbei.

Während die Bahnstrecke von Bamberg nach Maroldsweisach gebaut wurde, um die Basaltvorkommnisse dort und im Nachbarort Voccawind abzutransportieren, wurde der Bahnhof auf dem Gebiet der damals noch selbstständigen Gemeinde Treinfeld errichtet. Urgroßvater Gottfried legte seinen ganzen Einfluss daran, dass der Stationsname nicht Treinfeld, sondern, wie er fand, naturgegeben, Rentweinsdorf zu lauten habe. Um zu Fuß vom Bahnhof in unser Dorf zu gelangen, musste der Wandersmann das kleine Dorf Treinfeld passieren. Und genau hier wartete am Dorfbrunnen eine Herde von unzähligen Gänsen, die die Treinfelder ob der erlittenen Schmach rächten, indem sie jeden, der nach Rentweinsdorf wollte, anzischten und sich bedrohlich den nackten Lederhosenbeinen von Buben näherten. Meine Geschwister und ich hatten eine Riesenangst vor diesen Biestern.

Doch zurück zu Buchhalterin Betty Waltrapp: Jeden Tag über die Stege bis nach Rentweinsdorf zu laufen, war insofern eine Leistung, als sie an der „englischen Krankheit" litt. Sie war kleinwüchsig geblieben. Ich liebte Betty. Sie war immer fröhlich und sprach ein vollkommen reines Fränkisch. Im Alter wohnte sie in Ebern im Heim und galt als Institution im Café Wagner (Dadi, der große Schüttelreimer, nannte es „Waffee Kackner"). Betty trank dort an jedem Nachmittag ein Glas Rotwein und unterhielt das gesamte Etablissement. Ich habe sie, immer wenn ich in Deutschland war, im Heim besucht. Einmal geschah das, nachdem sie gerade geduscht worden war. Ihr Schreckensruf: „Ach Gott, der Baron Hans, und ich säh aus wie a gsüdner Göcher"! Sie meinte, sie sähe so aus wie ein Hahn, den man vor dem Rupfen ins kochende Wasser gesteckt hatte.

Als Nachfolger von Herrn Heyer übernahm Herr Karl dessen Posten. Er war zuvor als Stadtkämmerer in Amberg tätig gewesen, was ihm offenbar Gelegenheit geboten hatte, straffällig zu werden. Er war so ungefähr das Spießigste und

Biederste, was ich mir vorstellen konnte. Jedenfalls fand ich es undenkbar, dass dieser Mensch etwas Verbotenes verbrochen hatte, noch je tun könnte. Dadi stellte diesen aus dem Beamtenstatus entlassenen Herrn in der Hoffnung ein, er werde ihm die Chance zum Neuanfang danken.

Das tat er womöglich, ging unserem Vater aber nach und nach haarig auf die Nerven, unter anderem, weil er unter den Armen stank und sich begriffsstutzig zeigte. Er wohnte mit seiner Frau in der „Karlschen Wohnung", im Mittelgeschoss an der Nord-Ost-Ecke. Am Faschingsdienstag setzte sich Herr Karl immer ein konisches Hütchen auf den Kopf. Außerdem fuhr er samt Frau jedes Jahr nach Grün in den Urlaub. Interessanterweise weil er sich dort wandernd ausschwitzte, wie er berichtete. Grün ist ein Luftkurort in der Nähe von Garmisch und heißt eigentlich Krün, aber Herr Karl war Franke... Diesem Drang, sich auszudampfen, kam er auch in seinem Schrebergarten nebst Häuschen in der ehemaligen Gärtnerei nach. Dadi sagte regelmäßig, er habe ja gar nichts gegen das „Ausschwitzen", wenn er sich danach doch nur waschen würde. Zu Herrn Karls Hobbys zählte, bei Käsekuchen und Bier nicht etwa Kreuzworträtsel zu lösen, sondern diese selbst zu entwerfen.

Dadis Büro war jenes unter der Treppe, die damals noch nicht existierte. Er saß mit Sicht auf die riesige Wandkarte des Rentweinsdorfer Besitzes und unterzeichnete Briefe, wie ich später feststellte, „mit angelegentlichen Grüßen".

Otto Boltze wusste, dass sein Schwager immer die Stunde vor dem Mittagessen, also ab elf Uhr, zum Akten- und Poststudium im Büro verbrachte. Onkel Otto, nach dem Krieg arbeitslos, langweilte sich qualvoll in unserem kleinen Kaff. Abwechslung suchend, stattete er täglich dem Bruder seiner Schwester einen Besuch ab, den er stets mit den Worten „Na, was gibt's Neues?" einleitete. Unser Vater freute sich wenig und reagierte zunehmend genervt. Eines Tages fragte Dadi seine Frau beim Mittagessen, Kinder saßen damals noch nicht mit am Tisch, ob sie wisse, was der Unterschied zwischen einem 175er und dem Otto sei. Sie wusste es nicht. Dadis Mund kräuselte sich in vorfreudigem Amüsement: „Der 175er arbeitet am Hintern und der Otto hindert am Arbeiten."

Nach Üpäs Tod zog Dadi mit seiner Arbeit nach oben und in die alte Sattelkammer wurde die noch heute bestehende oben schon erwähnte Treppe eingebaut.

Sehr viel später kam Onkel Heinz-Oskar Reschke jeden Tag für ein paar Stunden ins Büro. Ich glaube, um Tante Marlines Nerven zu entlasten, hatte Dadi eigens einen Job für seinen Schwager erfunden: Onkel Heinz-Oskar ordnete die Akten für das „Neue Archiv". Er war insbesondere für Badda, seinen Patensohn, und mich ein Quell steter Freude, weil er unsere Besuche in seinem Kämmerlein genoss und unsere spätpubertären Allüren stets bekräftigte. Wir glaubten, in ihm einen Kumpel gefunden zu haben. Dabei war er wahrscheinlich nur dankbar, dass wir ihn von seinen langweiligen Pflichten abhielten.

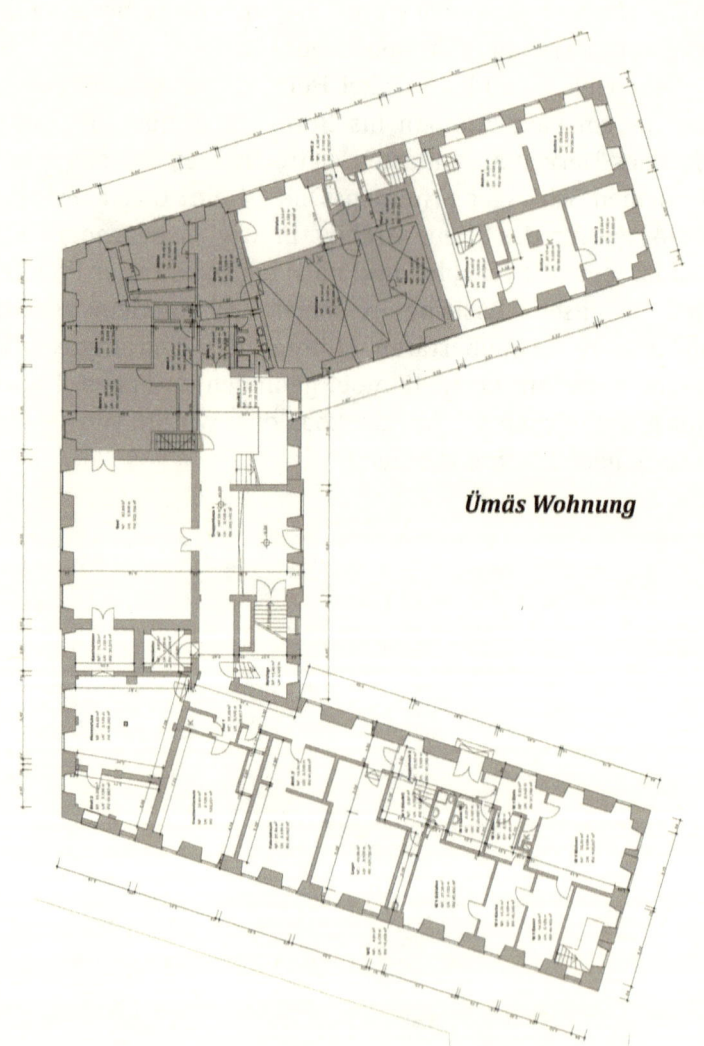

Ümäs Wohnung

Ümäs Wohnung

Mesalliance, ein Sprung zur Seite und zwei Papageien

Von der rechten Tür im Unteren Saal bis zur Tür an der Kleinen Treppe, dem Gegenstück zur Drüberen Treppe im Südflügel, all das gehörte früher zu Ümäs Wohnung. Man betrat sie durch die große weiße Tür im mittleren Treppenhaus. Zunächst umgab den Besucher Dunkelheit. Drei Türen führten vom Gang aus weiter, rechts zu Ümäs Bad und Klo, geradeaus in Ümäs Esszimmer und links, zunächst ins Kabuff, das vor ihrer Wohnstube lag. Diese vorgelagerte Kammer war wichtig, denn dort stand das Telefon, das sie mit Vorliebe stundenlang blockierte, wenn sie mit Düsseldorf redete.

In dieser Stadt lebte ihre Tochter Tichter oder Titta Boltze. Dass es im ganzen Haus nur einen Anschluss gab, Ebern 8, wie schon berichtet, war ihr wohl prinzipiell klar. Und obwohl das Büro, Üpä sowie die jungen Herrschaften fernmündlich nicht erreichbar waren, störte sie das nicht im Geringsten, denn sie telefonierte ja schließlich mit Düsseldorf.

Noch wichtiger als das Telefon erscheint mir ein Schränkchen hinter der Tür. Dort bewahrte Ümä die Gesangbücher und Spielkarten auf, des Teufels Gebetbuch, wie sie es bezeichnete. Bis heute existieren in diesem Kabuff seltsame Wandschränke, in die ich zu Ümäs Lebzeiten nie einen Blick werfen durfte. So umgibt sie der Hauch von Geheimnissen bis in die Gegenwart. Besonders weil niemand weiß, wozu diese monströsen Bauten ursprünglich mal gedacht waren.

Die Tür zu Ümäs Wohnzimmer hatte als einzige Tür im Haus keine Klinke sondern einen Drehknauf. Schon das machte einen Besuch bei unserer Großmutter einmalig. Ümä schlief lange und frühstückte nie vor halb elf. Als kleiner Bub hab ich ihr dabei oft Gesellschaft geleistet, weil ich scharf war auf das „Knüschen", einer dick mit Butter bestrichen Köstlichkeit, die nur bei Ümä zu bekommen war. Alle anderen Menschen, die ich kannte, aßen ihr Frühstücksbrötchen selbstverständlich, ohne das Knüschen rauszunehmen.

Außer an Sonntagen versammelten sich alle, die zu ihrem Haushalt gehörten, kurz vor zwölf Uhr im Wohnzimmer zur Andacht. Dazu zählten ihre Schwester Anne Klitzing, Kucka und deren schon erwähnte Schwester Ellen, genannt Ellel. Letztere wohnte zusammen mit ihrer Schwester Nanna in der Stube unter der Rundeneckstube im Mittelstock. Die Andacht bestand darin, dass Ümä die beiden Losungstexte der Herrnhuter Brüdergemeinde vorlas. Danach blieb sie mit ihrer Schwester allein, während Kucka und Ellel das Essen auftrugen. War das geschehen, öffnete sich die Wohnzimmertür und Kucka kündigte wirklich jeden Tag im gleichen Tonfall an. „Gnä Frau, es ist angerichtet." Lange Jahre habe ich gegrübelt, was wohl „gnä" sei. Irgendwann fragte ich Ümä, die es mir amüsiert erklärte. Wenn sie lachte, klebten ihre Augenlider förmlich zusammen und lösten sich nur ganz langsam wieder. Faszinierend daran war, dass sich das linke Lid früher löste als das rechte.

Kucka alias Gertrud Kuzzer war eine Institution. In den zwanziger Jahren kam sie in die Familie, als Üpä, Ümä und ihre Kinder noch auf der Burg Lichtenstein wohnten, etwa 15 Kilometer nördlich von Rentweinsdorf. Sie stammte aus Dresden, sprach aber hochdeutsch. Sie führte den Haushalt, erzog die Kinder, sowie später die älteren Enkel und tat sich zweifellos bis zu ihrem Tod als die Stütze unserer Großmutter hervor. Im Lichte dessen, was noch zu berichten ist, eine erstaunliche Tatsache.

Die Kuckas: Ellel, Kucka, Nanna

Rechts zwischen Fenster und der Tür zu Ümäs Schlafzimmer stand der Schreibtisch, von dem aus sie ihre Finanzen verwaltete. Dadi war der Überzeugung, seine Mutter stinke vor Geld. Sie hatte unter anderem Obligationen des Kreises Teltow und Aktien der Wladikawkas Eisenbahngesellschaft. Dass Letztere nichts mehr wert waren, ahnte sie, nur bei den Kreisobligationen wollte sie es einfach nicht wahrhaben. In regelmäßigen Abständen fragte sie die verschiedensten Banken, was man denn mit diesen Effekten machen könne. Sie wollte das durchgängige verneinende Schulterzucken nicht akzeptieren. Ihr letzter Versuch, Teltow liege ja im zu der Zeit kommunistischen Osten, war ein Brief an die gewerkschaftseigene „Bank für Gemeinwirtschaft". Wahrscheinlich dachte sie, Gewerkschaftler und Kommunisten steckten eh alle unter einer Decke. Zu ihrem Erstaunen antworteten auch die Gewerkschaftler, dass mit den Teltower Papieren kein Honigtopf mehr zu gewinnen sei.

Auf beide Wertpapiere hatte ich ein Auge geworfen, weil ich sie kurios und grafisch schön fand. Doch Ümä weigerte sich stets, die Dinger herauszurücken. In ihrem Testament stand, ich solle die Wertpapiere bekommen, wobei ich der festen Überzeugung bin, dass Ümä die Silbe „Wert" betonte.

Zwischen den Fenstern im Wohnzimmer stand ein grünes Sofa, dann im Uhrzeigersinn Ümäs Stuhl, gefolgt von vier weiteren. Ümäs Platz war sakrosankt. Ich habe nie jemanden anderen darauf sitzen sehen. An ihrem runden Tisch wurde nach dem Mittagessen Mocca getrunken. In den letzten Jahren ihres Lebens sind Dadi und Mudda, und wenn wir da waren, auch wir, täglich zu ihr zum Käffchen runter gegangen. Sie genoss das wirklich sehr und wir gleichfalls. Alle paar Monate klagte Ümä darüber, dass ihr Augenlicht schwinde. „Ich muss wohl am grauen Star operiert werden" mutmaßte sie immer. Dadi nahm dann wortlos ihre Brille und entfernte einen dicken Belag von Fliegendreck und Ümä sah wieder klar.

In meiner Erinnerung gibt es an diesem Tisch nicht enden wollende Abende, an denen wir „Poch", „Glocke und Hammer" und andere herrliche Spiele genossen haben. Und alles hatte seinen erzieherischen Wert im ümäschen Sinn. So wurde stets beim Pochspiel ausführlich auf die Gefährlichkeit einer Mesalliance hingewiesen. Wie sehr das immer wieder betont wurde, zeigt folgende Geschichte von Tante Wernersch Bertha. Wie der Name schon sagt, war sie die Frau von Onkel Werner, Üpäs Bruder. Sie hatte als Konfirmations-Spruch Offenbarung 2,10 bekommen: „Sei getreu bis in den Tod, so will ich dir die Krone des Lebens geben." Als sie gefragt wurde, was der Spruch zu bedeuten habe, antwortete sie wie aus der Pistole geschossen: „Ich soll nicht bürgerlich heiraten."

Sehr beliebt war auch, Bridge zu spielen, allerdings auf nicht sehr hohem Niveau. Ich glaube, nur in Thüngen spielten sie noch schlechter als bei Ümä. Allerdings wurde gesummt. Es waren stets die Melodien von bekannten Chorälen, die insbesondere Tante Anne zum Besten gab. Kenner behaupteten, man hätte an der Intensität des Summens und der unterliegenden Texte merken können, ob sie ein gutes oder schlechtes Blatt hatte. Wenn Ümä „sich hinlegen" musste, gab sie, wie es die Regeln wollten, zuerst die guten Farben heraus, um mit der kümmerlichsten Farbe zu enden. Stets mit den Worten „nach hinten fällt der Bulle ab". Erst nach ihrem Tod habe ich verstanden, was das zu bedeuten hatte - und war schockiert. Dem Bridge frönten wir übrigens ausschließlich am kleinen Tisch im Alkoven. Dort hingen an der Rückwand die Porträts von Hermann und Marline und an den Seitenwänden jene von Ümä und Üpä.

Meine Großeltern lebten seit Jahren in getrennten Haushalten, ursprünglich Üpä in Rentweinsdorf und Ümä blieb auf der Burg Lichtenstein. Die offizielle Begründung war, dass Üpä als Familienmajoratsherr in Rentweinsdorf zu tun hätte, tatsächlich aber war ihre Beziehung zerrüttet. Damals ließ „man" sich nicht scheiden. Das Rechtsinstitut der Ehescheidung ist im Bürgerlichen Gesetzbuch geregelt. Damit war zu diesem Thema alles gesagt. Wenn eine Verbindung nicht mehr funktionierte, lebten zwei Menschen halt in zwei verschiedenen Schlössern. Und wenn das nach dem verlorenen Krieg nicht mehr ging, dann eben in zwei verschiedenen Flügeln des gleichen Schlosses.

Goldene Hochzeit. Der Zug zur Kirche

Üpäs Präsenz in Ümäs Wohnung beschränkte sich auf das erwähnte Porträt. Als allerdings Üpä schon auf dem Sterbebett lag, hörte ich meine Eltern davon reden, dass Ümä zu ihm gegangen sei, um ihren Verlobungstag gemeinsam zu feiern. Zudem sahen sich die Eheleute allsonntäglich im Baronsstall in der Kirche. Zudem war die zerrüttete Verbindung selbstverständlich kein Grund, die Goldene Hochzeit nicht mit allem kirchlichen und eines Barons würdigen Pomp zu zelebrieren. Es existieren ganze Alben mit gezackt ausgeschnittenen Schwarz-Weiß-Fotos von diesem Fest. Ich zählte zu der Zeit erst zwei Jahre. Siegfried Reschke, der körperlich größte Enkel, führte mich als den kleinsten Enkel prominent ganz am Ende des langen Hochzeitszuges in die Kirche.

Über die Gründe der Zerrüttung wurde in der Familie nicht geredet. Die Schwierigkeiten begannen sicherlich auch damit, dass Üpä, der Herr Major, wie er sich rufen ließ, mit den Veränderungen, die die Republik mit sich brachte, nicht zurechtkam. Er wurde als Oberstleutnant ausgemustert und bekam als solcher eine Offiziersrente. Da die Beförderung vom Major zum Oberstleutnant aber bereits in republikanischer Zeit vor sich ging, blieb er bei seinem im Kaiserreich erworbenen Rang, dem Major. Nach dem Krieg studierte er Forstwissenschaften in München. Er, der stets in Preußen gedient hatte, passte nach München wie die Faust aufs Auge. Finanzielle Mittel besaß er nicht, weshalb er häufig das Hofbräuhaus besuchte. Dort konnte er bei einer Maß so oft Brot nachbestellen, bis Sättigung eintrat. Einmal brachte die Bedienung die Scheibe Brot unter dem Arm geklemmt an den Tisch. Als Üpä merkte, dass das Brot nass war, protestierte er und bekam als Antwort: „Do seng's wiari schwitz!"

Der eigentliche Grund, der die Ehe auseinandertrieb, war aber, dass Üpä ein Verhältnis mit Kucka hatte.

Illustrierend dazu passt folgende kleine Geschichte: Vetter Max Truchsess ging seinen jüngeren Vettern und Cousinen, aber auch seinen Nichten und Neffen damit schrecklich auf die

Nerven, dass er immer fragte, wie man denn mit ihm verwandt sei. Bei Bini Schnurbein, der Tochter meiner Schwester, führte das zu vollkommener Hirnlähmung, sobald er nur den Mund öffnete. Ihr brach jedes Mal schon vorher der Angstschweiß aus, wenn zu befürchten war, dass sie bei Familienfesten auf Max treffen würde. Ihr Vater Balthasar brachte ihr deshalb bei, sie solle bei nächster Gelegenheit piepsen: „Onkel Max, du bist das Mallörchen von der Kucka". Während Caspar, ihr Bruder, die Befragung mit Bravour bestand und fünf Mark „gepfötelt" bekam, schnurrte Bini den auswendig gelernten, vollkommen unverstandenen Text runter. Max amüsierte sich und gab ihr 20 Mark. Letzteres verzeiht ihm Caspar bis heute nicht.

Interessant finde ich den Umgang mit dem delikaten Thema, nachdem die unschickliche Verbindung ans Tageslicht kam: Üpä zog nach Rentweinsdorf, aber was passierte mit Kucka? Gar nichts. Sie blieb auf dem Lichtenstein, führte der „gnä Frau" weiter den Haushalt ebenso in den späteren Rentweinsdorfer Jahren und zwar bis zu ihrem Tod. Für Ümä, die von den Anforderungen dieser Aufgabe selbstredend keine Ahnung hatte, war die Vorstellung, sich an eine neue Haushälterin zu gewöhnen oder gar selbst Hand anlegen zu müssen, offenbar um vieles schrecklicher, als mit dem Verhältnis ihres Ehemannes zusammenzuleben.

In Ümäs Wohnzimmer traf sich die Familie stets in der Karwoche, wenn der Deutschlandsender aus der Kreuzkirche in Dresden die Matthäus-Passion übertrug. Das war selbstredend die einzige Gelegenheit, bei der Ümä einem DDR-Sender lauschte. Der Sprecher pflegte vor der Sendung brav aufzusagen, welche Parteigrößen anwesend waren. Das führte stets zu längeren und sehr plastisch-offen geäußerten Überlegungen, wie man eigentlich als Kommunist, die Matthäus Passion anhören könne.

An Weihnachten wurden der runde Tisch, die Stühle und das Sofa beiseite geräumt und dort stattdessen ein

Weihnachtsbaum aufgestellt. Er war mit weißen Kerzen sowie über und über mit Lametta geschmückt. Wir fanden das alle ziemlich unmöglich. Offen äußerten wir das nie, weil es bei Ümä köstliches Quittenbrot gab. In Thüngen schmeckte diese Leckerei zugegebenermaßen noch besser.

Unsere Mutter, der aufgrund ihrer Erziehung nicht erlaubt war, irgendetwas Essbares nicht zu mögen, hatte eine wunderbare Methode, Speisen, die ihr nicht schmeckten, von unserem Tisch fernzuhalten: Sie wurden für „leutsch" oder spießig erklärt. Bei uns oben gab es nie Quittenbrot. Aber angesichts der Tatsache, dass sowohl in Thüngen als auch bei der Ümä Quittenbrot serviert wurde, war diese Speise nicht so einfach als „leutsch" abzutun. Ich glaube, es handelt sich bei diesem Beispiel um das einzige Mal, dass Mudda zugab, etwas nicht gerne zu essen.

Rechts neben dem Wohnzimmer lag Ümäs Schlafzimmer. Da gingen wir Kinder eigentlich nie hinein. Ich habe nur eine vage Erinnerung an die Einrichtung: ein runder Tisch und zwischen den Schränken mit den Glastüren ihr Bett. In diesem Raum ist sie gestorben. Wenige Tage zuvor diskutierte sie noch mit Nane im Bett liegend eingehend den Nord-Irland-Konflikt. Und als in der Nacht, in der sie starb, Tante Hesi einen Psalm falsch betete, korrigierte sie das selbstverständlich.

Am nächsten Tag packten Dadi, der Hildebrandts Rudolf, Schreiner waren damals automatisch auch Bestatter, einer meiner Brüder und ich das Bettlaken an den vier Ecken, hoben sie hoch und legten sie in den Sarg. Ich erlebte das damals als lieblos und unwürdig. Ich schäme mich bis heute dafür.

Hinter ihrem Schlafzimmer befand sich Ümäs Waschzimmer mit Fenster nach Süden. Auf einer Kommode stand eine große Schüssel mit einem Wasserkrug. Das war's auch schon. Von hier aus hätte man theoretisch ins Sommerstübchen hinüber gehen können. Die Tür war aber verstellt, solange Kucka dort wohnte.

Also kehren wir um, zurück zum dunklen Eingang. Nach

links, eine Stufe hoch, liegt Ümäs Esszimmer. Dort haben sich Dramen und Glücksmomente unserer Kindheit abgespielt. Immer dann wenn uns Ümä zum Mittagessen einlud. Zum Ritual zählte Bröckchensuppe. Ümä hatte vollkommenes Verständnis dafür, dass diese Suppe aus wenig Flüssigkeit und viel Bröckchen bestehen musste. Bröckchen hießen bei uns geröstete Brötchenwürfel. Und bei der Suppe handelte es sich üblicherweise um eine Tomatensuppe.

Das Hauptgericht hingegen war uns vollkommen unwichtig, denn wir fieberten bereits der „Speise" entgegen, so nannte sie den Nachtisch. Zu trinken bekamen wir nicht Saft oder Limonade sondern Brause. Aus kleinen Papiertüten schüttete Ellel ein Pulver ins Glas, Wasser drauf, fertig. Es schäumte und spritzte. Färbte sich die Flüssigkeit grün, war es Waldmeister, durchdrang das Wasser ein Rot, tranken wir Himbeersaft, wurde es gelb, war es der weniger beliebte Apfelsinengeschmack. Auf den Tütchen stand „Frigeo".

Abschließend servierte Ellel die „Speiseteller". Darauf prangten verschiedene Vögel und jeder hatte eine besondere Bewandtnis. Der einzig wirklich begehrte Teller war für uns der mit den beiden grünen Papageien. Denn: "Papagei kriegt Speise zwei", man erhielt zwei Mal Nachtisch! Meistens gab es rote Grütze mit Vanillesoße. Wer den Stieglitz erwischte, musste mit der linken Hand essen, den Teller bekam fast immer Ellel. Der Fink galt als Gedichtvogel. Wer ihn bekam, musste ein „Verschen" aufsagen. Von den Älteren wurden mehrere Strophen eines Chorals erwartet oder eine Ballade. Bei uns Kleineren langte das Aufsagen eines Kirchenliedes mit „Bedonung und Bewächung". Das darf sich der Leser ungefähr so vorstellen:

„In allen (ausladende Bewegung mit den Armen) meinen Daaden (Imitation des Akts des Wäschewaschens auf dem Rubbelbrett) lass ich (Finger auf einen selbst) den Höggsden (Fingerzeig nach oben) raaden", usw. oder aber der Klassiker:

„Geh ich naus die Schwarzabeer,
Bring mei Häffala wiedä leer
Sooch, ich ho sa gassn.
Nimmt mei Muddä die Ofengobl
Hebbd mer auf mein Beernschnobl
Beer, Beer, Beer,
Mei Läddich ess ich kanna mehr!"

Ümä wusste, um was es in diesem Gedicht ging, wirklich verstanden hat sie es nicht, denn auch nach 40 Jahren in Franken sprach und verstand sie selbstredend kein Wort Fränkisch.

Es existierte auch ein Teller-Vogel, der gar keiner Speise würdig war. Eine Erziehungsmethode der Schule vergangener Epochen. Die älteren Enkel haben ihn noch erlebt. Bei uns, Ümä war milde geworden, blieb er im Geschirrschrank.

Nach dem Essen ging es zurück ins Wohnzimmer, wo Kucka das Käffchen brachte. Wir bekamen „Zückerchen", ein Stück Würfelzucker mit Mocca vollgesogen. Ümä legte Wert darauf, dass Kaffee in kleinen Tassen Mocca hieß und Milch in kleinen Kännchen Sahne.

Beim nächsten Raum handelt es sich heute um das untere Wohnzimmer mit den zwei Fenstern zum Schlosshof hin. Damals aber waren das drei Räume, die wir Kinder zu gleichen Teilen gruselig, geheimnisvoll oder aufregend fanden.

Nahmen wir früher vom Esszimmer die rechte Tür, gingen zwei Stufen runter und wir traten zunächst in den Gang. Rechts passierten wir erst einen Vorhang, dann Schränke und links die Truhe mit dem wedemeyerschen Wappen. Wieder zwei Stufen hoch, rechts kehrt schwenk, in die Küche und wiederum zwei Stufen runter. Diesen beschwerlichen Weg mussten die bedauernswerten Kuckas mehrmals am Tag zurücklegen. Zum überwiegenden Teil mit Tellern oder Essenschüsseln beladen.

Der Gang war künstlich, denn, wie man heute sieht, war er Bestandteil eines einzigen Raums. Damals lag rechts das „hinter dem Vorhang" genannte Zimmer. Dort stand neben allerlei Ramsch und Plunder eine Couch, auf der wir nach dem Mittagessen Mittagschlaf halten mussten. Da nur ein Vorhang die Stube vom Gang trennte, war an Schlaf nicht zu denken, die Kuckas liefen ja auf dem Gang hin und her und redeten. Einrichtung, Geruch und Lichteinfall waren „hinter dem Vorhang" anregend und geheimnisvoll. Die Vorfenster filterten das Licht, sie ließen sich auf- und zuklappen. Es waren irgendwelche Märchen- oder Sagenfiguren im Stil des 19. Jahrhunderts darauf abgebildet. Verständlich, dass sie jemand später wegwarf, aber irgendwie trotzdem bedauerlich.

Wenn wir auf den Boden des heutigen Zimmers schauen, sehen wir eine Spur, wo das Parkett weniger abgenutzt ist. Dort ließ Dadi Bohlen verlegen, auf denen eine Trennwand stand. So entstanden „hinter dem Vorhang" und Ümäs Speisekammer. Darin befand sich auch viel Pröll und eine handbetriebene Wäschemangel. Ümäs Küche war dort, wo sie noch heute ist.

Vom Esszimmer aus links ging das Sommerstübchen ab. Dort wohnte die schon so oft erwähnte Kucka. Ihre Bemühungen, nicht Sächsisch zu sprechen, gipfelten darin, dass sie bei „Ihr Kinderlein kommet" statt von den" redlichen Hirten" von den „rötlichen Hirten" sang. Dadi berichtete, sie habe ihn streng aber liebevoll erzogen. Ümä, von ihm „Muttchen" genannt, schaute bei ihrem einzigen Sohn abgrundtief in den Goldkelch. Er war der einzige Sohn, die Rentweinsdorfer Linie stand „auf seinen beiden Augen", wie man sich damals auszudrücken pflegte. Außerdem hatte er den Krieg überlebt. In Ümäs Rangfolge rangierte an erster Stelle noch immer der Kaiser, aber gleich dahinter besetzte schon ihr Gottfried den zweiten Platz.

Die übrigen Geschwister und die älteren Enkel liebten Kucka ausnahmslos und hingebungsvoll, ich hingegen mochte sie nicht. Zu uns jüngeren Enkeln fand sie nie einen Draht, nicht einmal zu meinem Bruder Thia, dessen Patin sie war.

Nach Kuckas Tod hatte Ümä plötzlich niemanden mehr, der ihr den Haushalt führte. Die Frage, ob sie nicht schon viel früher dafür zu alt war, stellte sich nie. Ich hatte stets den Eindruck, sie stellte sich nicht einmal der Kucka.

Ümä wollte auch im Alter nicht aus ihrer Wohnung ausziehen und deshalb wurde überall verbreitet, man suche ein junges Paar, das gegen freie Logis eine ältere Dame versorge. Zur besseren Verteilung ihres Anliegens unterrichtete die Familie unter anderen auch den Bataillonskommandeur in Ebern davon.

Eines Abends saßen wir oben beim Abendessen, als es an die Tür klopfte. Draußen stand eine junge Dame und neben ihr ein grinsender Offizier mit einem Gegenstand in der Hand, den er als „Riechbesen" bezeichnete. Sie stellten sich als Prinzessin und Prinz Coburg vor und bewarben sich. Man wurde handelseinig und Coburgs zogen mit den Söhnen Peter und Malte vom Sommerstübchen aus vorwärts in Ümäs Wohnung ein. Ein echter Glückstreffer. Ümä verstand sich prächtig mit ihrem Prinzesschen, das ihr zu essen brachte, neben ihr sitzen blieb und ihr freundlich zuhörte. Prinz Coburgs Offizierskameraden hatten ihren Spaß daran, bei ihm zu klingeln, um ihn zu bitten, sie bei seiner Herrschaft anzumelden. Das war gar nicht so weit hergeholt, denn nach der Hochzeit unserer Eltern in Thüngen stellte Üpä das Folgende fest:

Die Brautmutter ist eine Prinzessin, aber sie ist so bescheiden, dass keiner denkt, sie wäre eine. Die Mutter des Bräutigams ist hingegen keine, aber alle denken, dass sie eine ist*.

*Nur für Grammatikgourmets: Man beachte das feine Gegenüber von Konjunktiv und Positiv

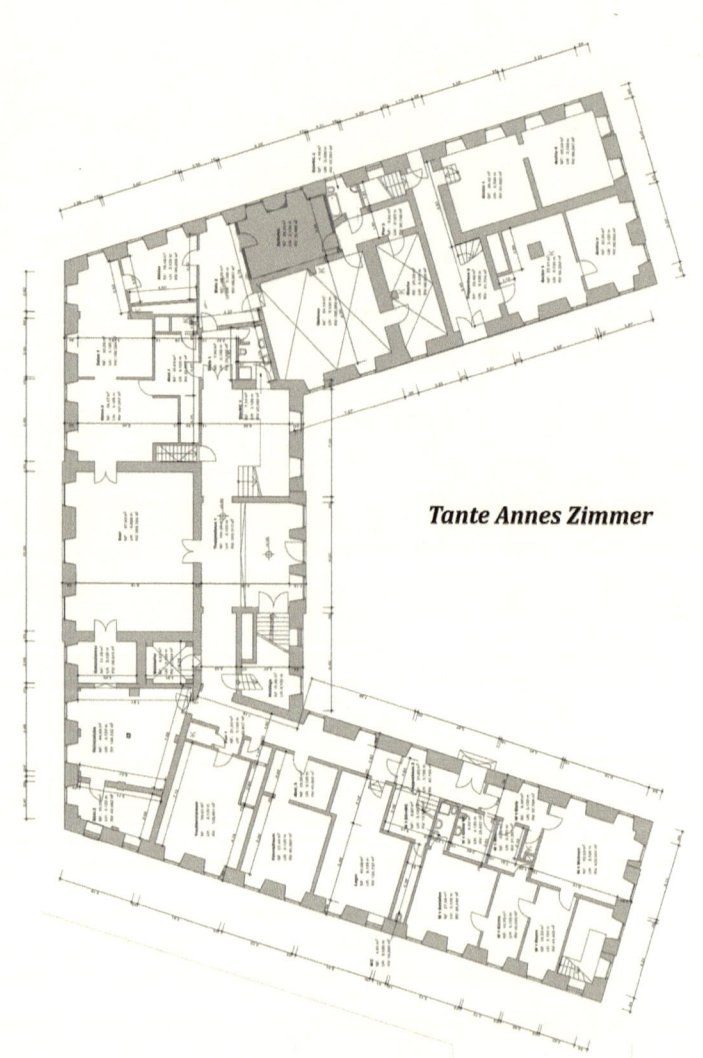

Tante Annes Zimmer

Tante Annes Zimmer
Endlich: Der Schlossgeist, juhu ruft man nicht
und andere Überraschungen

In Ümäs Wohnung gibt es eine Stube, die eines eigenen Kapitels würdig ist: Tante Annes Zimmer. Hier ist wirklich viel passiert.
Wie bereits erwähnt, wohnten unsere Eltern als ganz junges Ehepaar in der unteren Wohnung. In den oberen Stockwerken waren damals noch von den Nazis verschleppte Menschen untergebracht, die peu à peu in ihre Heimatländer zurückreisten. Diese bedauernswerten Personen besaßen nicht gerade das Wohlwollen unserer Mutter, seit sie, die Blumenrabatten auf der Südterrasse harkend, den Inhalt eines Nachttopfes auf den Kopf bekam.
Später schlief hier meine Schwester Nane als Neugeborenes. Um Mutter zu helfen, kam per Zug Manna aus Thüngen. Manna hieß eigentlich Martha Schrenk und war die Tochter von Onkel Theodor Schrenk aus dessen erster Ehe. Nachdem Mannas Mutter gestorben war, heiratete Onkel Theodor Bertha von Thüngen, die Schwester unseres Großvaters. Onkel Theodor war Pfarrer im Württembergischen und brachte es zum Prälaten. Woraufhin er natürlich nur mehr „der Prolet Schrenk" genannt wurde.
Von Onkel Theodor gibt es wirklich unzählige Geschichten, aber folgende ist meine liebste: Eines Tages kam ein junger Vikar zu ihm, und bat um eine persönliche Unterredung. „Ich habe eine Identitätskrise", beichtete der junge Mann, worauf

sein Prälat in breitestem Schwäbisch antworte: „Ich will ihne mal eppis saage: Sie sent Sie!"

Manna war Diakonisse und kam als Wochenpflegerin nach Thüngen zur Geburt der vierten der insgesamt fünf Töchter und blieb dort. Sie entwickelte sich mit den Jahren zum Engel und Garant des Zusammenhaltes der Familie.

Bahnfahren war im kalten November 1948 wirklich noch kein Vergnügen. Immerhin holte Dadi sie mit dem Pferdewagen vom Bahnhof ab, und weil sie müde war, ging sie gleich ins Bett. Sie schlief in dem Zimmer, in dem auch Nane untergebracht war. Irgendwann wachte Manna auf und bemerkte, dass eine Dame im Reifrock den Raum betrat. Diese legte ihren Finger auf die Lippen und flüsterte: „Ich will nur mal nach der Kleinen sehen." Sie ging an Nanes Bett, schaute hinein, lächelte, dankte Manna mit einem Kopfnicken und verschwand.

Diese Episode erzählte sie beim Frühstück und meine Eltern lächelten höflich, meinten aber, das seien sicher Hirngespinste nach einer so anstrengenden Reise. Im Laufe des Vormittags machte Dadi mit Manna eine Schlossführung und als sie im Obergeschoss das Esszimmer betraten, blieb sie wie angewurzelt vor dem Portrait der sogenannten Schlosserbauerin, Wilhelmine, geborene von Seckendorff, unserer Ur-Ur-Ur-Urgroßmutter (ganze vier Mal), stehen und sagte: „Die war's."

Manna war sicherlich im Geiste des schwäbischen Pietismus erzogen worden, aber sie war bodenständig und neigte kein bisschen zur Spökenkiekerei.

Später stellte Dadi dazu fest:

1. Seit 1880 war Nane das erste Neugeborene im Haus

2. Wilhelmine hatte 16 Kinder, von denen acht innerhalb eines Jahres an Diphterie starben. Beim Tod des ersten füllte sie Seiten ihres Tagebuches, beim achten Kind steht da nur noch „heute ist mein kleiner Christoph zu den Engeln gegangen".

In dieser Zeit wurde vor Tante Annes Zimmer im Gang ein neuer Zementfußboden gegossen. Die Maurer gingen abends heim, und als sie am nächsten Morgen wieder kamen, fanden sie auf der unterdessen getrockneten Masse den Abdruck eines Füßchens, nur eines einzigen und so weit weg vom festen Untergrund, dass es sich unmöglich um den Fuß eines Kindes gehandelt haben konnte, das da „drüber gehalten" wurde. Den Abdruck nannten wir fortan „Engelsfüßchen". Es kann heute noch besichtigt werden. Dafür müsste jemand allerdings erst den Teppichboden wegreißen.

Vor der Geburt meiner Schwester Christiane, das erste von fünf Kindern, war hier das Schlafzimmer der Eltern. Sie waren jung verheiratet, und so war es nicht erstaunlich, dass sie sich an einem Sonntagnachmittag zu einer Siesta zurückzogen. „L'amour l'après midi", wer kennt das nicht? Plötzlich tat sich die Tür auf, und die gesamte Götzen Schmidt'sche Familie betrat das Lokal. Nach einer beiderseitigen Schrecksekunde zogen sich die Eindringlinge wieder zurück, nur um, diesmal nach Anklopfen, wieder auf dem Plan zu erscheinen. „Ach mir ham gedacht, es is Sonndach und mir schaun uns des Schloss amal aa."

Heute weiß keiner mehr recht, wer die Götzen Schmidts waren. Sie betrieben im Unterdorf „nauswärtsich" auf der rechten Seite, dort wo man zur Eisgrube hin abbiegt, einen Kaufladen. An der Hauswand stand „Kolonialwaren Schmidt-Götz", für jeden Franken klar: Der Götzen Schmidt.

Viele Jahre später wiederholte sich die Szene mit anderer Besetzung: Tante Anne lag wieder einmal im Sterben. Der Pfarrer wurde geholt, um ihr das Abendmahl zu reichen. Die Zeremonie spielte sich an ihrem Bett ab. Ümä war da, Dadi und Mudda waren da und sicherlich noch andere Verwandte. Als der Pfarrer gerade der Sterbenden die Hostie reichen wollte, öffnete sich die Tür und mein jüngster Bruder Julius, genannt Lullus , damals vielleicht sechs Jahre alt, stand in voller Indianerhäuptlingsmontur im Zimmer.

Als er merkte, dass er störte, zog er sich wortlos zurück. Die Anwesenden atmeten tief durch und die Liturgie wurde fortgesetzt. Als nun der Pfarrer auch den Wein reichte, tat sich die Tür abermals auf und der ebenselbe Indianerhäuptling erschien auf der Bildfläche, nur um zu sagen „Aber ich hab doch nur der Tante Anne eine Freude machen wollen". Daraufhin wurde die heilige Handlung unterbrochen und erst wieder aufgenommen, als das allgemeine Ringen um Fassung erfolgreich abgeschlossen werden konnte.

Tante Anne starb noch einige weitere Male - beinahe.

Mein ältester Bruder Sebastian ist in dieser Stube entstanden. Mutter hat ihm das wenige Monate vor ihrem Tod erzählt. Er fand das wohl etwas peinlich, und hätte es uns Geschwistern sicherlich nicht weiter erzählt, hätte er die Episode nicht als Beleg dafür genommen, wie sehr unsere Mutter immer mehr „zermischt" war. Früher wäre gar nicht daran zu denken gewesen, dass sie über „sowas" auch nur eine Silbe verloren hätte.

Noch später wohnten die Kunhardts dort. Er war damals Offizier in Ebern, sie, Grundschullehrerin aus Norddeutschland, versuchte zu verstehen, was ihre fränkischen Schüler sagten. Heute zählen Haschi und Gert von Kunhardt zu den guten und alten Freunden der Familie. Badda behauptet, er habe ihnen vor Jahren gut zugeredet und daraufhin wäre der Wunsch nach einem dritten Kind stärker geworden. Nachdem sie das bei einem Tanzfest erwähnten, wurden Haschi und Gert von allen ins Bett geschickt. Wenn es nicht wahr ist, so wäre es gut erfunden, jedenfalls wird behauptet, zu später Stunde habe sich die Festgesellschaft vor dem Schlafzimmerfenster versammelt und dort anfeuernde Gesänge angestimmt. Ob wahr oder nicht wahr, Kunhardts drittes Kind ist eine Tochter und heißt Saskia.

Zurück zur chronologischen Abfolge: 1949 oder 1950 verlegte Ümä ihre Wohnung vom Lichtenstein nach Rentweinsdorf. Nachdem die oben schon erwähnten „displaced people" das Schloss verlassen hatten, zogen die Eltern in den zweiten Stock. Mit Ümä übersiedelte auch Tante Anne, ihre aus Pommern geflohene Schwester, verwitwete von Klitzing. Sie bezog eben dieses Zimmer. Sie war groß und hager. Neben ihrer kleinen pummeligen Schwester gaben die zwei echte Witzblattfiguren ab.

Um es gleich zu sagen, ich mochte Tante Anne überhaupt nicht. Sie starb etwa 15 Jahre lang ununterbrochen und wir mussten deshalb ständig leise spielen. Das ging so weit, dass, nachdem ich mein erstes Dioden-Radio zusammengebaut hatte, Dadi mir dessen Nutzung verbot, weil er dachte, es mache Krach! Für weniger Technik affine Leser: Um mit einem Dioden-Radio etwas hören zu können, benötigt man einen Kopfhörer.

Tante Anne sorgte manchmal auch für Erbauliches. Sie hatte die Angewohnheit „Juhu" zu rufen, wenn sie sich bemerkbar machen wollte. Mehrmals hatte Dadi ihr klargemacht, er hieße nicht „Juhu" sondern „Gottfried". Dennoch blieb sie bei ihrem Schlachtruf.

Und wieder war es Weihnacht im Schloss. Es war bitterkalt und aus dem Treppenhaus hörte man Juhu-Rufe. Dadi fragte in die Runde, ob irgendwer von uns Juhu hieße, und als wir verneinten, verbot er uns, etwas zu unternehmen. Etwa zwanzig Minuten später läuteten die Glocken zum Weihnachtsgottesdienst und wir gingen hinüber in die Kirche, oder besser, wir versuchten es, denn wir fanden Tante Anne unter ständigem Juhu-Rufen vor Ümäs Wohnung auf dem eiskalten Steinboden liegen. Sie war gestürzt. Glücklicherweise hatte sie sich nur den Knöchel verstaucht. Und letztendlich gingen wir alle doch, allerdings unchristlich grienend, hinüber in die Kirche.

Eines Tages beschwerte sich Tante Anne, das Wasser auf ihrem Waschtisch röche schon seit längerer Zeit. Nachdem sie wieder und wieder insistierte, leitete Dadi eine Untersuchung ein. Deren Ergebnis der war, dass immer wenn Tante

Kaula im Badezimmer über ihr aufs Klo ging und abzog, ein paar Tropfen in die Wasserkanne auf Tante Annes darunter stehenden Waschtisch fielen. Unsere Schadenfreude fiel groß aus.

Tante Anne zählte im Übrigen einen Enkelsohn zu ihrer Familie. Er hieß, wenn ich mich nicht irre, Christian von Klitzing. Seine Eltern waren gestorben, und er lebte als Pflegekind im Haushalt des Oberbürgermeisters von Nürnberg. Wie es dazu kam, weiß ich nicht. Aber es verwunderte mich, weil Dadi stets berichtete, Nürnberg sei eine „rote Hochburg" und der Bürgermeister Sozi. Wie, so fragte ich mich, konnte er dann so freundlich sein, den Christian aufzunehmen?

Tante Annes Enkel besuchte sie manchmal und war, da älter als wir, eine Art Respekt heischender großer Vetter. Aus heiterem Himmel traf uns die Nachricht, er habe sich das Leben genommen. Er leitete die Abgase des Autos des Oberbürgermeisters ins Wageninnere. Sein Sarg stand im Gang vor dem Unteren Saal. Tante Anne weinte und ich erinnere mich noch gut daran, dass ich einfach nicht verstand, wie sich jemand selbst umbringen kann.

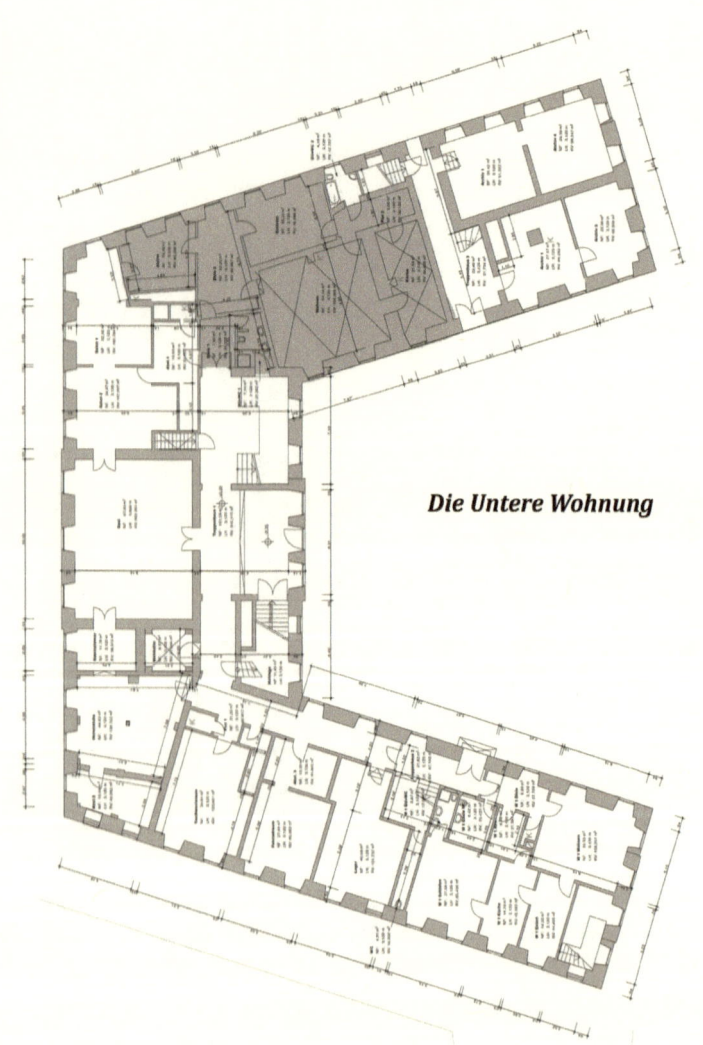

Die Untere Wohnung

Die Untere Wohnung
Fromme Spaghetti und heiße Öfen

Zunächst wohnten hier Coburgs, später Kunhardts. Jedoch erst Mudda machte diesen Ort zur „Unteren Wohnung". Da waren beide schon nach Heubach gezogen. Damit schuf sie eine Möglichkeit für Baddas Geschwister, nach Rentweinsdorf zu kommen, ohne unserer Schwägerin Ricci allzu sehr auf die Nerven zu gehen. Weihnachten, Neujahr, Ostern und auch einige Wochen im Sommer kamen die Geschwister mit Mann und Maus: Nur so war es möglich, dass sich die Enkel unserer Eltern kennen lernten. Der Weihnachtsabend fand mehr oder weniger auf der Kleinen Treppe statt, mal liefen unsere Kinder rauf, mal deren Vettern und Cousinen runter. Es war ein großes Hallo und besonders beglückend: die Großeltern mitten mang.

Unterdessen war das Wohnzimmer zum Schlosshof hin von allen ümäschen Aufteilungskünsten befreit und nun ließ sich erkennen, dass hier früher die Schlossküche beheimatet war. An der Ostseite sieht man an der Decke noch den Kaminausgang und darunter befindet sich statt des Parketts eine Steinplatte. Das erkennbare Gewölbe ist ein echtes und diente dazu, weder Flammen noch Gerüche in die oberen Stockwerke durchzulassen.

Die ganze Wohnung war mit alten, aufgearbeiteten Möbeln eingerichtet, nur um den Teetisch standen geschmacklich fragwürdige, aber bequeme Sessel aus dem Fürther Versandhaus Quelle. Hier spielte sich das gesellige Leben ab, wenn die Geschwister Rentweinsdorf besuchten.

Hier erlebten wir die legendären Aufführungen zu Silvester. Unvergessen die Darstellung der Betrunkenen durch die beiden fast gleichaltrigen Vettern Max und David, wobei Ersterer einen Verletzten so realistisch spielte, dass dessen Vater, Sebastian, in die Szene hinein rief. "Max, hab dich nicht so!"

Was nicht optimal lief, war die Belegung der Unteren Wohnung durch zwei Geschwisterfamilien gleichzeitig. Meine Frau Brigitte schäumt noch heute, wenn sie sich daran erinnert, wie sie in der Küche die Spaghetti von der Wand kratzte, während ihre Schwägerinnen Jeanne und Ricci auf unseren Betten lagen, um theologische Fragen zu erörtern.

Die Küche bot alles, was man braucht, sogar eine Spülmaschine, nur eben wie alles andere auch, anno Tobak. Das hatte durchaus seinen Reiz und führte dazu, dass wir in der Unteren Küche Gelage feierten, die bis in die Gegenwart ihres Gleichen suchen.

Im Sommer zogen wir auch die restlichen Bewohner des Hofes mit in diese Tradition ein. Einmal kam jemand mit einem überfahrenen Überläufer auf den Schlosshof gefahren. Ich sah sofort die Chance zu einer Riesenfete, riss mir die noch nicht ganz ausgewachsene Wildsau unter den Nagel und ließ ihn beim Metzger Rango im Unterdorf in der Röhre braten. Schnell bauten wir auf dem Schlosshof eine ellenlange Tafel auf und der köstliche Braten war ratzeputz verschlungen. Als die Wogen der Geselligkeit bereits höher schlugen und Badda bemerkte, dass wir unterdessen seinen „besseren" Wein entdeckt hatten, versuchte er „la ley seca" vulgo einen Saufstopp durchzusetzen. An dieser Stelle sind die Verdienste meines Patensohnes Caspar gar nicht hoch genug zu preisen. Er fand unter dem Vorwand des Dünnpfiffs immer wieder den Weg ins Haus, um schmerzgebeugt, aber Flaschen tragend, zurückzukehren.

Besonders Dadi genoss es, wenn die Untere Wohnung belegt war. Auf seinem täglichen Gang ins Büro pflegte er einen Schlenker einzulegen und schaute jeden Tag zum Küchenfenster herein. Manchmal reichte die Zeit nur zu einem kleinen Schwatz, manchmal blieb er auf einen Kaffee. Fast immer kamen die Eltern zum Käffchen, wie sie damals auch bei Ümä täglich zu dieser Uhrzeit vorbeigeschaut hatten. Man schwatzte Belangloses, beredete Wichtiges, war zusammen und alles fühlte sich wohltuend normal an.

Als unser Sohn David gerade das Laufen lernte, kam Brigitte mit ihm und Tochter Stephanie allein, um in der ländlichen Idylle Unterfrankens den Führerschein zu erwerben. In einem unbewachten Moment versuchte sich der gerade Einjährige aufzurichten, und stützte sich mit der Hand am heißen Ölofen ab. Die Verbrennungen waren schrecklich. Es stand zu befürchten, dass die Sehnen betroffen waren. Es ist ausschließlich dem Geschick des Arztes in Ebern, Dr. Gemeinrat zu danken, dass alles gut verheilte. Mein Bruder Lullus hat Ähnliches vollbracht: Auch er legte in der Oberen Küche seine Hand auf den heißen Herd. Es entstand ein

Lullus mit verbrannter Pfote

wunderbares Foto „Lullus mit verbrannter Pfote".

Der arme Lullus, er ist der Lädierteste von uns: Narbe am Po, wir kommen noch darauf zurück, und verbrannte Pfote. Und dann überfuhr ihn in Zürich auch noch die Besitzerin eines „Etablissements", dessen Geschäftszweck Lullus nie eindeutig erklärte. Thia und ich waren uns schnell einig, dass er wohl in Form von Freikarten entschädigt worden sei. Und wir sind bis heute der Meinung, dass es den Falschen getroffen hat!

Das fand bei anderer Gelegenheit auch David. Als seine Schwester Stephanie im benachbarten Heubach, wo damals unsere Eltern wohnten, mit dem Rad unterwegs war, fiel sie ein riesiger Hund an und biss zu. Es gab 500 Mark Schmerzensgeld. David war ganz begierig darauf, zu erfahren, wo der Hund zu finden sei. Weil er ihm sein Bein hinhalten wollte...

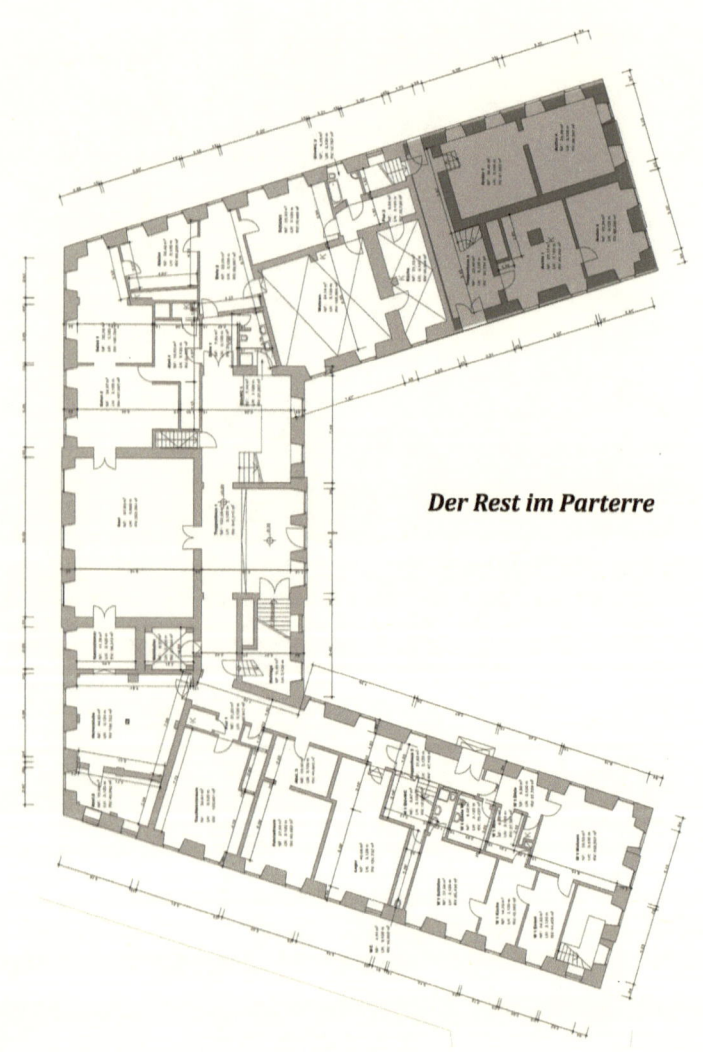

Der Rest im Parterre

Der Rest im Parterre
Von dunklen Archiven, Trocken-Kapitänen und dem Bobbelootz

Wer sich von der Kleinen Treppe Ähnliches erwartet, wie von der Drüberen Treppe berichtet, muss enttäuscht werden. Es gibt konkret nichts über sie zu berichten. Unter ihr finden wir das nun leere Losertsche Klo und daneben deren Wohnung.

Als wir noch auf Ibiza lebten, strahlte das spanische Fernsehen die von unseren Kindern Stephanie und David heiß geliebte Serie „Los Gnomos" aus. Zwerge mit blauen Kitteln, beleibten Ehefrauen und alle mit roten Zipfelmützen widerstanden dem Schabernack der viel größeren und unappetitlichen Trolle. Das Ehepaar Losert war den „Gnomos" sehr ähnlich, außer, dass Frau Losert nicht so füllig war. Sie flüchteten aus Schlesien und wohnten in der Losertschen Wohnung wohl umsonst. Er harkte den Schlosshof, schnitt den Rasen auf dem Rondell mit der Sense und höchster Akkuratesse. Und, wie schon berichtet, beobachtete Herr Losert die Waschmaschine. Beide passten sogar auf uns Kinder auf, obwohl dies nicht Teil ihrer Obliegenheiten war. Wir erlebten sie als liebenswerte Menschen, die einfach zur Fauna des Schlosshofes dazugehörten.

Von außen lässt sich erkennen, wo das Archiv lag: Dort sind die Fenster mit starken Eisenbarren vergittert. Auf dem Gang zum Park rechts führt eine Stahltür in die Dokumentensammlung.

Mittlerweile ist das Archiv ausgeräumt, steht leer. Allerdings ist noch heute zu erkennen, wie wichtig unsere Vorfahren das Aufheben alter Urkunden nahmen: Zum einen sind die Räume des Archivs nach oben mit einem Gewölbe verschlossen. Der Grund dafür ist, dass im Brandfall das Feuer nicht in den Raum vordringen konnte. Zum anderen sind in die Regale Kästen mit Tragegriffen eingelassen, damit die damaligen Diener, falls Feuer ausgebrochen wäre, die Dokumente schnell hätten hinaustragen können.

Heute liegen alle Dokumente als Dauerleihgabe im Staatsarchiv in Bamberg. Das war sicherlich die richtige Entscheidung. Ich hoffe, der Übergabevertrag räumt den Mitgliedern der Familie Rotenhan ein dauerhaftes Visitationsrecht ein. Am kuriosesten dürfte die Sammlung von Todesanzeigen von 1750 bis etwa 1830 anmuten. Derart schwülstiges Zeug habe ich meinen Lebtag nicht gelesen. Alle waren sie gut, edel, heiß geliebt. Man fragt sich, wo die Wider- und Fieslinge geblieben sind, von denen die alten Geschichten leben.

Um das Archiv hatte sich sehr lange niemand gekümmert. Es war ein riesiger Saustall ungeordneter Papiere. Dadi war seit Generationen der erste, der den historischen Wert einer solchen partikularen Datensammlung erkannte. Er suchte und fand ein junges Historikerehepaar, um Ordnung in die Sache zu bringen. Die ihrem Beruf als Historiker sehr verbundenen Maierhöfers opferten jahrzehntelang ihren Urlaub, um alles zu ordnen. Isolde Maierhöfer stammte aus Seßlach, war eine gertenschlanke Erscheinung mit langem Haar bis zum Po. Mudda fand das äußerst fragwürdig und verdächtig. Sie hatte deshalb ein scharfes Auge auf die Dame.

Da es sehr wahrscheinlich noch nicht geschehen ist, wird es höchste Zeit, den Maierhöfers hier ein Denkmal zu errichten. Sie haben sich um die Familie Rotenhan wirklich verdient gemacht. Ohne sie gäbe es das Archiv nicht so, wie es heute im Dienst der Forschung steht. Hansjoseph Maierhöfer, Isoldes Mann, bekleidete zu unserem Entzücken den Rang eines Korvettenkapitäns, auch wenn er das Meer und eine Uniform zeitlebens nur von weitem gesehen hat. Er arbeitete im Marinearchiv der Bundeswehr in Freiburg im Breisgau. Kluge Ortswahl, da Tsunami-geschützt.

Gegenüber vom Archiv geht es in den Keller. Die Treppe führt steil und lang hinunter. Ursprünglich lagerte der Wein im untersten Teil des Kellers. Verständlich werden im Nachhinein die langen Diskussionen, wer denn nun dran sei, den Wein für den Abend oder gar den Nachschub heraufzuholen. Wie bereits berichtet, ging Badda bei diesem Kampf um das Nichtholen meist als Sieger hervor. Ich habe die verbissene Zähigkeit, mit der er sich weigerte, stets bewundert und ihr Ehre gezollt, in dem ich meist selbst runtergegangen bin.

Später verfrachteten wir den Wein in den Keller links auf halber Höhe. Dort lagerten vorher auf riesigen hölzernen Regalen die Äpfel. Fein aufgereiht, damit sie sich ja nicht berührten. Bis ins späte Frühjahr gab es bei Mudda Obst aus dem Obstgarten über dem zweiten See. Wenn man den Dorfteich dazurechnet, handelt es sich sogar um den dritten. Der Dorfpfuhl entstand aus einem Anfall von antiautoritärer Resignation unseres Vaters. Mehrmals im Jahr gab es an dieser Stelle früher eine Überschwemmung. Irgendwann sagte Dadi: „Wenn das Wasser dahin will, dann soll es das eben tun." Mit eben diesen Worten erklärte er mir seine Entscheidung, einen Dorfteich anzulegen. Ich war stinksauer, weil ich das nasse Element besser behandelt sah als mich. Wir lebten schließlich unter der ständigen Drohung: „Wenn ihr mit einem Mädchen zusammenzieht, werdet ihr enterbt".

Aber zurück zum Keller. Dorthin kam der Wein, als die Apfelbäume nicht mehr bewirtschaftet wurden. Auf dem Beton-Sockel rechts bereitete Dadi vor Festen stets die schon erwähnte Tanzbowle. Er betonte zwar immer, er sei Forstwirt, tatsächlich aber war der einzig wirklich von ihm erlernte Beruf jener eines Soldaten. Folgerichtig steckte er voller Geschichten aus dieser Zeit seines Lebens. Beispielsweise die von dem Unteroffizier, der den Rekruten Sinn und Zweck der Schießbrille klarmachen wollte. Beim Unterricht fragte er daher in die Runde: "Was muss die Schießbrille sein?" „Sie muss geputzt sein." „Quatsch!" „Sie muss auf das Augenlicht des Soldaten geschliffen sein." „Quatsch!" „Das Edui ist der nadürliche Aufbewahrungsord der Schießprille." „Alles Quatsch. Ich werde Ihnen sagen, was die Schießbrille sein muss: Sie muss da sein!"

Davon abgeleitet pflegte uns Dadi bei der Zubereitung jeder einzelnen Bowle zu fragen: „Was muss eine Tanzbowle sein?" Und bald schon antworteten wir nach fleißigem Training absolut spontan: „Sie muss genuch sein."

Ganz hinten in diesem Keller befand sich noch ein kleiner lichtloser Raum, in dem ein riesiger Sandhaufen lag. Lebensmittelkunde für Fortgeschrittene: Darin wurden die Kartoffeln verbuddelt, um sie am Keimen zu hindern.

Das Wichtigste aber an diesem Teil des Kellers war, ist und bleibt der Bobbelootz. („Porcuslupo schleichbierensis imm.") Dieses Wesen ist eine Mutation aus der Kreuzung des Wolfs mit dem Wildschwein und einigen nicht definierten Sprenkeln. Das Tier gilt als besonders aggressiv. Glücklicherweise trat durch den angedeuteten Gen-Cocktail Zeugungsunfähigkeit ein. Dafür aber ist der Bobbelootz unsterblich, daher (imm). Und weil das Ungetüm nur in Rentweinsdorf vorkommt, heißt es in seinem lateinischen wissenschaftlichen Namen „schleichbierensis. Wir veralberten den Ortsnamen Rent - Weins - Dorf in Schleich - Bier - Stadt. Die Pfoten ohne die Krallen sind so groß wie Bierdeckel, die Augen stets blutunterlaufen und aus dem stinkenden Maul sabbert ständig grünlicher Glibber.

Der Bobbelootz wohnt hinter der angelehnten Tür, die zu diesem Teil des Kellers führt. Sie wurde nie bewegt, weil dahinter schließlich der Bobbelootz wohnt. Da aus Gründen der guten Erziehung kleine Mädchen nicht den Wein holen, hatte er sich auf das Verschlingen von Knaben spezialisiert.

Und so sitzt der Bobbelootz mit schläfrigen Augen, rasselndem Atem, aber trotzdem stets aufmerksam hinter der Pforte. Ich hatte und habe noch immer eine immense Angst vor dem Bobbelootz und gestehe frei, dass ich noch nie in meinem Leben hinter die halb geöffnete Tür geschaut habe. Seit ich an diesem Bericht schreibe, träume ich sogar vom Bobbelootz.

Lange Jahre, und als Kind eh als „Schisser" verschrien, bin ich stets davon ausgegangen, dass ich der Einzige meiner Geschwister war, dem die Gefährdung durch den Bobbelootz sternenklar vor Augen stand. Es hat Jahre gedauert, bis es mir aus heiterem Himmel wie Schuppen von den Augen fiel: Badda verlagerte den Wein in die Totenkammer, weil er offensichtlich vor dem Bobbelootz eine noch viel größeren Schiss hatte als ich.

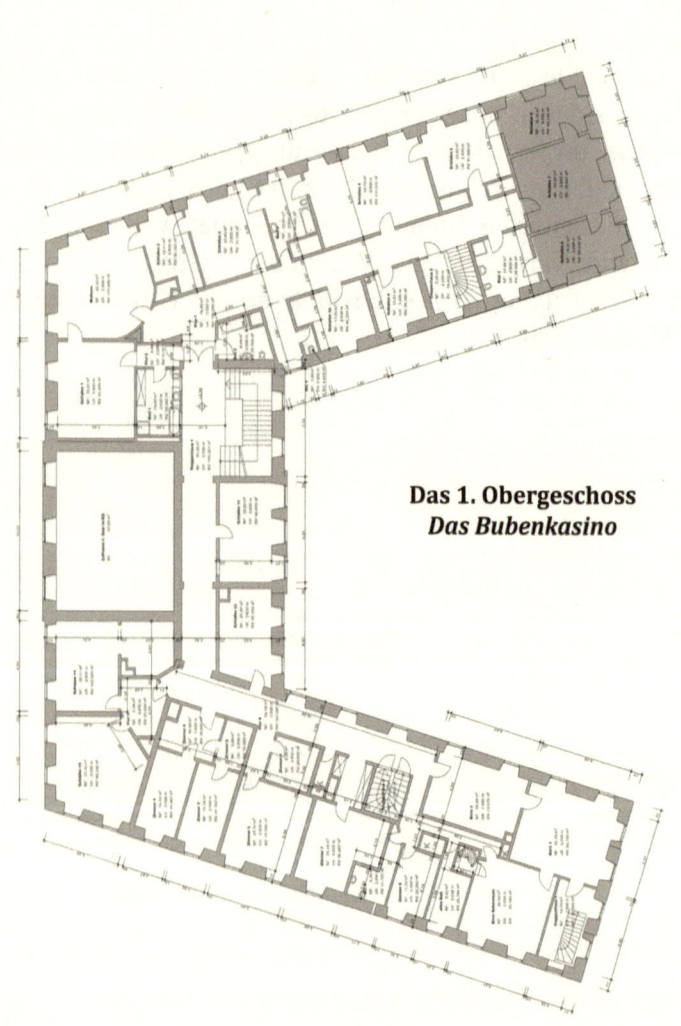

Das 1. Obergeschoss
Das Bubenkasino

Das Bubenkasino
Viele Gerüche

Betreten wir nun die Kleine Treppe auf dem Weg in die nächste Etage. Dort, wo es zum Oberstock weiter führt, hatte der Betrachter früher das Vergnügen, sich an einer wahrhaften Orgie von Glastüren zu ergötzen. Natürlich nicht solche modernen Dinger, sondern Holztüren mit Fenstern in der Art, wie sie bis heute an der Drüberen Treppe noch erhalten sind. Sie waren weinrot angestrichen und sollten wohl dazu dienen, dass die Wärme nicht über die Treppe entwich. Jede Tür hatte ihren eigenen Klang und wir konnten von oben hören, ob es Besuch für Tante Kaula war, ob Herr Heyer nach Hause kam oder ob jemand zu uns nach oben stieg.

Es lässt sich heutzutage in modernen Wohnsiedlungen beobachten: Wer seinen Balkon verglast, stellt die Weichen für die Nutzung als Abstellraum. Und so war es auch hinter den Türen, besonders Tante Kaulas Gang war eine hochgradige Rumpelkammer.

Nachdem Herr Heyer starb, wurde die Tür abmontiert und seine Küche zum Buben-Bad umfunktioniert. Daneben schloss sich Baddas Schlafzimmer an, unter dem Esszimmer lag das Bubenkasino. Am Ende befand sich mein Schlafzimmer mit Blick zum Park. Mein jüngerer Bruder Thia belegte das Zimmer gegenüber vom Badezimmer. Soweit die Verteilung.

Das Bubenkasino war die geniale Idee unserer Mutter, die, wie sie sagte, an einem überfeinen Geruchssinn litt, wobei der Begriff „Leiden" nicht übertrieben ist. Wir befanden uns damals alle mehr oder weniger in der Phase der Hochpubertät. Die wichtigste Gemeinsamkeit war, dass wir wenig davon hielten, uns regelmäßig zu reinigen. „Wascht euch!" war ihre ständige Forderung, die nach kurzer Zeit in einem resignierten „Sprait euch wenichstns!" versandete.

Am Ende der Sommerferien brachte jeder ein neues „BAC"-Spray mit nach Schondorf ins Internat und wenn wir an Allerheiligen nach Hause zurückkehrten, wunderte sich Mudda, dass wir dennoch stanken. Wir hatten die Sprays geschäftstüchtig gleich in der ersten Woche an die Freunde verkauft, deren Gedanken in Richtung Meierei flogen. Dort wohnten in Schondorf die Mädchen. Es fühlte sich allerdings nicht nur Mudda allein von üblen Gerüchen belästigt. Als legendär lässt sich deshalb folgende fragende Feststellung unseres Chemielehrers Glahn klassifizieren: „Habt's Turnen g'habt, weil's gar so schwoisslts?"

Um den von Mudda nicht zu gewinnenden Kampf zu beenden, fand sie eine Lösung: die Verbannung. Wir fanden unser Exil im Bubenkasino, wohin wir uns jedoch gerne ausweisen ließen. Zunächst hieß es: „Ihr könnt da machen, was ihr wollt". Davon war in der Praxis natürlich keine Rede mehr. Mir wurde beispielsweise unverständlicherweise verboten, Wände durchzubrechen, um die elektrische Eisenbahn durch alle Zimmer zu führen.

Aufräumen mussten wir ebenfalls, aber Musik durften wir nunmehr laut hören. Tante Anne war ja unterdessen verblichen. Thia, unser Moishe Kalisch, war es, der sich als erster bei Elektro-Bär in Bamberg einen „Dual"-Stereo-Plattenspieler kaufte. Ich sehe das Ding noch vor mir: Anthrazitfarbenes Gehäuse mit Plattenteller, hellgraue Lautsprecher, die auch als Deckel dienten. Das Tripelkonzert von Beethoven war damals sehr in Mode. Ich nehme an, dass Thia den Plattenspieler mit dieser Musik einweihte. Nane, Badda, Thia und ich saßen im Schneidersitz anbetend davor und bewunderten die revolutionäre Klangfarbe.

Mudda gesellte sich alsbald dazu und meinte, das höre sich genauso an, wie auf ihrem „Philipps"-Kofferplattenspieler. Das war ein vorsintflutliches Gerät, das in verschiedenen Grüntönen gehalten war. Wir hielten uns nicht zurück, schütteten kübelweise Spott über ihr unmusikalisches Haupt. Als wir jedoch probierten, wie gut der rechte und der linke Kanal funktionierten, stellten wir fest, dass der linke Lautsprecher stumm blieb. Sehr peinlich. Elektro-Bär in Bamberg tauschte das Gerät anstandslos um.

Thias Plattenspieler avancierte zu einem wichtigen Mittel der Freizeitgestaltung, weil er es ermöglichte, dort bis in den Morgen hinein Musik zu hören. In einer Nacht folgten wir mehrere Stunden lang „volle Pulle aufgedreht" Cat Stevens und anderen Heroen unserer Zeit. Beim Frühstück bemerkte der rührende Dadi, er habe zwar nicht schlafen können, aber die Musik sei doch sehr interessant, sie erinnerte ihn an Balladen.

Das Bubenkasino entpuppte sich für alle Beteiligten als voller Erfolg. Wir feierten dort mit Freunden und Freundinnen ausgiebig, qualmten Unmengen von Zigaretten. Alle - außer Badda - waren Raucher. Am schlimmsten muss wohl ich gewesen sein. Denn so frankophil wie ich war und bin, rauchte ich selbstverständlich Gauloises oder Gitanes, wenn möglich „papier maïs". Aus Ibiza kehrte ich stets mit Stangen „Celtas cortos" zu acht Pesetas das Päckchen heim, zirka 64 Cent. Die Eltern beschwerten sich nie, aber es muss erbärmlich gestunken haben. Nur die Luise Genslein nahm nie ein Blatt vor den Mund und schimpfte mich entschieden wegen des Miefs aus.

Noch kurz zu Moishe Kalisch: Jakob Hirschmann, ein junger orthodox erzogener Jude aus Polen, besucht seine assimilierte Verwandtschaft in Breslau. Dort ist man so vornehm, dass man zu einem Musikabend bittet. Jakob steht einsam in einer Ecke, als sich eine ältere Dame seiner erbarmt und ihn fragt: „Sind Sie musikalisch? „Nein ich bin nicht der Moishe Kalisch, ich heiße Jakob Hirschmann."

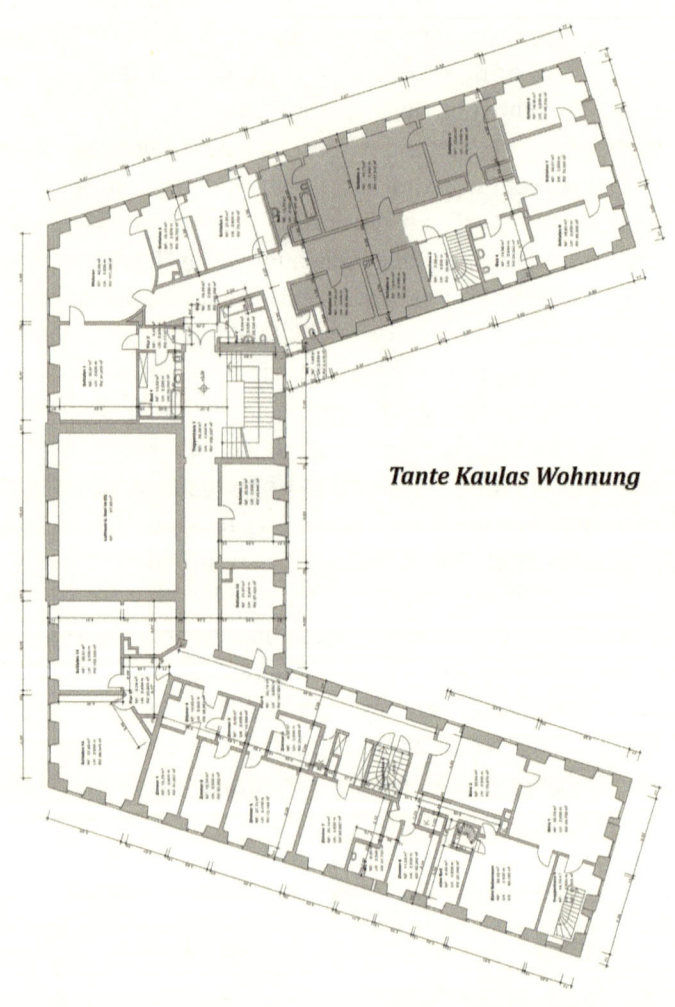

Tante Kaulas Wohnung

Tante Kaulas Wohnung
Vom Händeschütteln und Diamanten

Bevor wir an dieser Stelle weiter ins Detail gehen, frischen wir die Erinnerung an Tante Kaula ein wenig auf. Eigentlich hieß sie Carola, war eine geborene von Hanstein, und die Ehefrau von Onkel Hans, Üpäs älterem Bruder. Die Arme musste ihr Leben lang ein Stützkorsett tragen und als sie das nicht mehr hielt, lief sie gebeugt am Stock. Alle meinten, sie habe einen Buckel. Ich hingegen glaube, es handelt sich um eine medizinische Fehldeutung. Es sah immer so aus, als könne sie sich nicht aufrichten, als knickte sie etwas über der Hüfte ab. Deshalb habe ich sie aufrichtig bedauert. Sie war zwar behindert, aber blöd war sie nicht. So war es ihr natürlich nicht entgangen, dass ihr zeugungsunfähiger Mann sie aus einem einzigen Grund geheiratet hatte - wegen des Geldes. Und der schnöde Mammon verschwand später im Zuge der Brauerei-Pleite „gluck, gluck, gluck" im Nirgendwo.

Eigentlich hätte sie auf die Familie richtig sauer sein müssen. Seltsamerweise ist nichts von alledem überliefert. Sie hatte ihren Frieden mit der Familie gemacht und fiel nur manchmal durch gezielt abgefeuerte Boshaftigkeiten auf. Die Familie mochte sie nicht, und Üpä schon gleich überhaupt nicht. Uns Kinder behandelte sie immer nett. Allerdings muss ich einschränkend bemerken, dass wir sie höchst selten trafen, eigentlich nur am Ostermontag. Da mussten wir sie besuchen, dafür schenkte sie uns dann einen in Zellophan-Papier verpackten roten Osterhasen aus Zucker. Für uns war diese Geste wichtig und segensreich, denn alle unsere Freunde aus dem Dorf bekamen diese überall feilgebotenen Monster zu Ostern, nur wir nicht, weil Mudda sich an irgendwelchen Stilfragen hochrankte.

Tante Kaula engagierte sich sehr beim Deutschen Roten Kreuz. Als sie starb, bedeckte den Sarg die Fahne des Roten Kreuzes. Ihr Engagement hatte aber nichts mit der Farbe der Osterhasen zu tun.

Ihre Wohnung lag in der Nähe des Buben-Bades, das erste Zimmer befand sich genau gegenüber. Zunächst wohnte hier unser Vetter Hasso Boltze, nachdem Tante Titta, seine Mutter gestorben war. Später wurde es zu Thias Zimmer umfunktioniert. Auch die „Winter-Wohnstub" gehörte ursprünglich zu Tante Kaulas Reich, ebenso wie das bereits erwähnte Klo mit Bad. Die beiden zum Hof hin gelegenen Räume zählten ebenfalls zu ihrer Wohnung. Eines war ihre Küche, das zweite war für das Mädchen vorgesehen. Ich erinnere mich allerdings an keines. Der dazwischenliegende Gang war beidseitig mit Schränken zugestellt, in dem sie allen möglichen Pröll aufbewahrte.

In Tante Kaulas Mädchenzimmer installierten wir später unseren ersten Fernsehapparat. Den hatte Mudda anlässlich der Olympischen Spiele 1972 hinter Dadis Rücken „von meim aichenen Geld" gekauft - was ihr, ehrlich gesagt, niemand glaubte. Dadi zeigte sich vergrämt, denn ein Jahr zuvor hatte er ihr, da er keinen Fernseher haben wollte, Schmuck für 1000 Mark gekauft. So viel kostete damals ein Farb-TV-Gerät. Die Brosche, ich fand sie eher hässlich, hieß nur „der Fernsäh". Zu Dadis größtem Ärger stellte sich der richtige „Fernsäh" doch noch als wichtig heraus. Ohne den Apparat hätten wir die Tragödie und die Dramatik des Überfalls auf das olympische Dorf nicht mitbekommen. Bei der Olympiade 1972 hatten Palästinenser die Unterkünfte der israelischen Mannschaft überfallen und Geiseln genommen. Menschen starben und als die Geiseln mit ihren Entführern per Hubschrauber ausgeflo-

Tante Kaula

gen werden sollten, kam es zu einem Blutbad.

Tante Carolas Zugang zum Ordnungssinn lässt sich nur als unorthodox beschreiben. Sie warf nie etwas weg, räumte aber auch nie auf. Sie war eine „Messie". Nur, dass damals niemand dieses Wort kannte. Beginnen wir mit ihrem Schlafzimmer. In den letzten Jahren ihres Lebens konnte es nichtmehr betreten werden. Ein Schrank war umgefallen, und versperrte die Tür. Vor den anderen Türen standen Möbel. Tante Kaula störte das alles wenig, sie schlief nachdem der Schrank die Tür blockiert hatte, eben auf der riesigen Couch im Wohnzimmer. Über ihrem Bett hing das sehr schöne Portrait ihrer selbst, allerdings quer. Aufrecht hätte es nicht hingepasst. Später hing es seitenrichtig im Oberen Saal.

Eines Tages, das war noch bevor der Schrank die Tür unpassierbar gemacht hatte, wurde Tante Kaula plötzlich richtig krank. Der Arzt wurde herbeigerufen, hörte sie ab, diagnostizierte eine, sagen wir mal, Rippenfellentzündung und erkundigte sich nach ihrer medizinischen Vorgeschichte. Er fand heraus, dass sie nie krank gewesen war. Sie erinnerte sich allerdings daran, in den 20er Jahren einmal eine „Pyramidon"-Tablette geschluckt zu haben. Der Doktor verschrieb ein Antibiotikum, empfahl absolute Bettruhe, währenddessen sich die Familie auf das Schlimmste vorbereiten solle.

Damals zählte es zur guten Sitte, dass man am Bett eines Kranken wachte. Und das tat Mudda natürlich. Sie beobachtete Tante Kaulas Atem, der so unregelmäßig ging, dass immer wieder der Eindruck entstand, dass sie gestorben sei. Doch immer genau in diesen Momenten setzte ihre Atmung verlässlich wieder ein. Die Kranke lag mit offenem Haar im Bett, nur das Licht einer schwachen Lampe ließ die Szenerie erkennen. Tante Kaula schnappt erneut nach Luft, lange Pause, der Atem setzt aus, die Kirchturmuhr schlägt elf. Ha, sie schnauft, der Schlaf ist unruhig, kein Wunder, sie atmet ja auch nicht mehr. Sie wird doch nicht ersticken?

Mudda bereitet sich darauf vor, ein Totengebet zu sprechen: Da! Wie ein Wasserkessel pfeifend zieht Tante Kaula die Luft ein, die Kirchturmuhr schlägt zwölf, sie erwacht und wundert sich, dass jemand an ihrem Bett sitzt. Mudda erklärte ihr, dass sie schwer krank sei und der Arzt geraten habe, sie nicht allein zu lassen. Sie ließ das alles auf sich wirken, dann reckte sie sich auf und sagte: „Bitha, gut dass du gerade da bist, ich will dir nämlich mal sagen, weshalb dein Gottfried überall so schrecklich unbeliebt ist."

Wie sich Mudda ausdrückte, hatte das Antibiotikum bei Tante Kaula wie eine Atombombe eingeschlagen. Ihre Fähigkeit, fies zu sein, war wieder erstarkt und Tante Kaula somit gesund. Beleidigt verließ Mudda das vermeintliche Sterbezimmer und ging ins Bett, „wo euer Vada nadürlich längst friedlich schnurchelde, und gar nicht gemerkt hat, wie spät ich erst in Bett kam."

Am Morgen darauf, ging sie hinüber zu Üpä, um ihm zu berichten, dass seine Schwägerin nicht nur überlebt habe sondern auch gesundet sei. Er stand daraufhin auf, ergriff Mutters Hand, bewegte sie von links nach rechts und ließ ein „Nimm's nicht so schwer" verlauten.

Ein kleiner Exkurs zum Händeschütteln in Franken scheint angebracht: Fester Händedruck und heftiges Kreiseln bedeutet Glückwunsch. Fester Händedruck mit heftiger vertikaler Bewegung heißt übersetzt „Grüß Gott", während ein lascher Händedruck mit horizontaler getragener Bewegung „Mein herzliches Beileid" ausdrückt.

Zu Tante Kaulas Wohnräumen zählte auch einen Anteil am Park. Mehr oder weniger in den Ausmaßen, die sie von ihren Fenstern überschaute. Dazu gehörte eine Laube aus Bohnenstangen, laut Dadi „ein Saustall" und ein echter Dorn in seinem Auge. Er „pfötelte" deshalb seinem Neffen Siegfried Reschke fünf Mark mit dem Auftrag, des Nachts dafür zu sorgen, dass das Gartenhaus verschwinde. Gesagt, getan, ein „Heiermann" war damals ein Haufen Geld. Allerdings ertönte im Morgengrauen das „Ach" und „Weh" von Tante Kaula. Sie behauptete, kriminelle Typen hätten ihre Garteneinrichtungen entwendet. Sie setzte die Polizeistation in Ebern von der Schandtat in Kenntnis, und tatsächlich tauchte im Laufe des Vormittages das Polizeiauto vor dem Schloss auf, und die Beamten begannen mit ihrer Arbeit.

Dadi ahnte sofort, dass der Familienfriede in wirklicher Gefahr schwebte, es sei denn, die Ermittlungen würden schleunigst eingestellt. Die Bohnenstangen lagerten unten auf dem Gutshof und die Fußspuren führten eindeutig ins Haus. Dadi hatte einen guten Draht zur Polizei in Ebern, denn mit dem Chef hatte er zuvor in Tennessee gemeinsam in US-Kriegsgefangenschaft gesessen, und bei dessen Ernennung zum „chef de police" hatte Dadi seine Finger im Spiel gehabt.

Ob es eines Kastens Bier bedurfte, weiß ich nicht, die Untersuchungen wurden jedenfalls ergebnisoffen eingestellt. Anstifter und Täter wurden vermahnt und „die Menge verlief sich in den Gassen des kleinen Residenzstädtchens", wie sich Dadi in der Rückschau gerne ausdrückte. Nur Tante Kaula war unzufrieden, roch zwar das ungeheure Ausmaß des Bratens nicht, hegte aber den richtigen Verdacht: Siegfried nannte sie von Stund an nur „diese kriminelle Type".

Sehr viel später trat eine neue Köchin in ihre Dienste, es war die „Saddlera", die Witwe des Sattlers im Dorf. Ihr Haus stand am Kaulberg gegenüber vom Nembachshof. Es ragte geradezu verkehrsbehindernd in die Straße, weshalb es irgendwann abgerissen wurde. Da war die Saddlera aber schon gestorben. Weshalb, ist mir nicht mehr ganz klar, aber sie gehörte zu meinen Freundinnen im Dorf. Stundenlang unterhielt ich mich als Bub mit ihr. Als sie als Tante Kaulas Köchin ins Schloss Einzug hielt, erhoffte ich mir Großes davon. Zum Beispiel ungehinderten Zugang zu Tante Kaulas Zuckerdose. Leider wurden meine Träume nicht Realität, denn schon nach zwei Wochen entließ Tante Kaula die Saddlera wieder. Ohne ihre Erlaubnis hatte Letztere begonnen, den Saustall auf dem Gang aufzuräumen, und, horribile est dictu, waschkorbweise Sachen wegzuschmeißen – unerhört!

Als Tante Carola 1958 in Erlangen im Krankenhaus tatsächlich starb, rätselten alle, wer ihre Erben sein würden. Mangels lebenden Ehemanns und Kindern hatte sie keine gesetzlichen Erben. Wir wussten nur von der Existenz eines Vetters Hanstein, der als Flüchtling kümmerlich in Norddeutschland wohnte. Dadi, gewohnt dynastisch denkend, meinte: „Der bekommt alles!"

Überraschenderweise hatte Tante Kaula aber ein Testament geschrieben, und das kam so: Ich bin der Einzige der Geschwister, der in Rentweinsdorf geboren, aber dort nicht getauft wurde. Nane und Badda litten zu der Zeit, als ich getauft werden sollte, an Keuchhusten, weshalb die

Feierlichkeiten nach Thüngen verlegt wurden. Man berichtete mir später, dass das Dorf in die Kirche geströmt sei, weil: „Die erschd hesst Grisdiana, der zwedd Sebostion, mo säh, was der für an dolln Noma hodd".

„Da ward sein Name genennet – Hans". Das tönte in der Thüngener Kirche ebenso unrhythmisch und ernüchternd, wie es jetzt in den Ohren des Lesers klingen mag. Allein, in der Winter-Wohnstub verbreitete sich eitel Freude und Sonnenschein, denn Hans hieß bekanntlich Tante Kaulas Mann. Schon am nächsten Tag setzte sich die erfreute Witwe hin und verfasste in bester Schönschrift ein Testament, in dem sie Gottfried und Elisabeth, meine Eltern, zu ihren Universalerben einsetzte, allerdings mit diesem epochalen Legat: „Die Familie Hanstein, die in zwei Weltkriegen alles verloren hat, erbt meine Urgroßeltern in Zucker".

Tante Kaulas Urgroßvater hielt den Posten des Oberhofmarschalls am Hof in Braunschweig inne. Dort bereitete der Oberhofzuckermeister dem Ehepaar anlässlich deren Silberhochzeit eine Überraschung, indem er beide in eine etwa zehn Zentimeter hohe Zuckerfigur goss und die Rokoko-Kostüme herzallerliebst anmalte. Für Vetter Hanstein bedeutete das Testament, das eher zufällig gefunden wurde, eine herbe Enttäuschung, war er doch durchaus erbwillig mit Frau in einem Fiat 600 angereist. Wir Kinder nannten ihn übrigens den Herrn Hann von Stein.

Damals war es üblich, dass, bevor die Erwachsenen zu Abend aßen, sich neben unseren Eltern und Ümä auch deren Gäste zu uns ins Kinderzimmer begaben, um unseren abendlichen Gebetsübungen beizuwohnen. Badda betete mit seiner tiefen Stimme gleich am Tag der Ankunft des Herrn Hann von Stein: „Und lieber Gott, wir danken dir, dass der Herr Hann von Stein gut angekommen ist und bitte mach, dass er auch gut wieder nach Hause kommt."

Nach der Beerdigung sichtete die Familie erstmal das Erbe. Zu diesem Zweck reihten sich mehrere Anhänger aus der Landwirtschaft auf dem Schlosshof auf – jeder konnte mindestens eine Tonne Volumen aufnehmen. Unnötig zu bemerken, dass sie sich rasch füllten. Tante Kaula sammelte buchstäblich alles, unter anderem auch die Pappschachteln für „Muh"-Camembert, die sich in ihrer Waschkommode stapelten. Keiner der Verwandten wollte sich das Spektakel der Öffnung von Kaulas Schatzhöhle entgehen lassen.

War es Hedi, oder war es Magdalene? Plötzlich schrie jemand auf, denn in einer der „Muh"-Schachteln lag das Testament. Und als man daraufhin die bereits weggeschmissenen Käsepackungen etwas genauer untersuchte, fand die begeisterte Menge noch zwei riesige Diamantsterne, die so groß und unecht aussahen, dass Dadi sie zunächst als exotische Orden zum Frack trug. Sie entpuppten sich letztendlich aber als wirklich echt, wenn auch mit altmodischem Schliff. Als eine der Cousinen die Klunker ausgrub, waren schon mehrere Tonnen zum alten Gerümpel, dem Müllplatz, hinausgefahren worden.

Mudda beklagte sich danach lange und unüberhörbar, dass sie kurz vor Tante Kaulas Tod an deren Hals noch eine wunderschöne dreireihige Perlenkette bewundert habe – und zwar zum letzten Mal. Unter den geerbten Sachen befanden sich dafür wahnsinnig viel Porzellan, silbernes Besteck, Schmuck und einige Bilder. Eines, von einer Nonne, es hängt gegenwärtig im Treppenhaus, hatte Dadi ganz besonders ins Herz geschlossen. Aber, Herr Hann von Stein, dem man mitteilte, er dürfe mitnehmen, was er gebrauchen könne, hatte nun ebenfalls Gefallen an der Ordensfrau gefunden.

Dadi übte sich in christlicher Demut und schließlich nahte der Tag, an dem der Vetter mit Frau abreisen wollte. Alle standen um den bedenklich überladenen Fiat herum und begannen schon mit dem Winken, als plötzlich die Tür wieder aufging. Herr Hann von Stein entstieg dem Kleinwagen, in der Hand das Bild der Nonne, das er dem Nächststehenden überreichte. „Mit dem Ding im Auto kann meine Frau nicht bequem sitzen". Dadi ordnete diesen Vorfall als Gebetserhörung in sein Weltbild ein.

Ich hingegen fand die ganze Sache ungerecht, denn schließlich trug ich den Namen Hans und betrachtete mich daher als eigentlichen Erben. Hans zu heißen, war damals nicht so einfach. Mit dem Hanswurst war der Rest der Welt schnell bei der Hand und zur Weißglut brachte mich, wenn mir jemand hinterherrief: „Hans bagg die Kuh am Schwanz, bagg sie nicht zu kurz, sonst lässt sie einen Furz."

Die Winter-Wohnstub ging in unsere Wohnung über. Besonders beliebt war das Sofa, das ums Eck ging, einfach, weil es so gemütlich war. Wenn ich es richtig erinnere, war es das Monster, auf dem Tante Kaula zuletzt ihre Nächte verbrachte.

Jahre später sollte das Ungetüm neu bezogen werden und wurde deshalb nach Ebern zum Sattler Mai gebracht. Immer wenn es galt, etwas Schweres zu tragen, wurden einige Brauer geholt, die im Ruf unermesslicher Körperkräfte standen. Nachdem diese nun das riesige Sofa auf die Ladefläche eines der Bierautos verfrachtet hatten, folgte der Kommentar: „Schwer is net, aber sei Gewicht hat's". Kein Wunder, denn einige Tage später rief der Sattler Mai in Rentweinsdorf an und bat dringend um den Besuch der jungen Herrschaften. Dadi und Mudda fuhren sofort nach Ebern, und dort zeigte ihnen der Meister, was er in den Spiralfedern gefunden hatte: ein vollständiges, silbernes Fadenmusterbesteck.

Tante Kaula war Malerin. Als solche hatte sie sich vorgenommen, jedem Rentweinsdorfer Konfirmanden und Rentweinsdorfer Brautpaar ein von ihr angefertigtes Bild zu schenken, was ihr auch weitestgehend gelang. Früher hing in fast jedem Haus des Ortes ein von ihr gemaltes Kunstwerk. Manchmal stöbere ich bei Versteigerungen im Internet, habe auch schon mal eines ihrer Werke entdeckt. Die Preise halten sich im Rahmen.

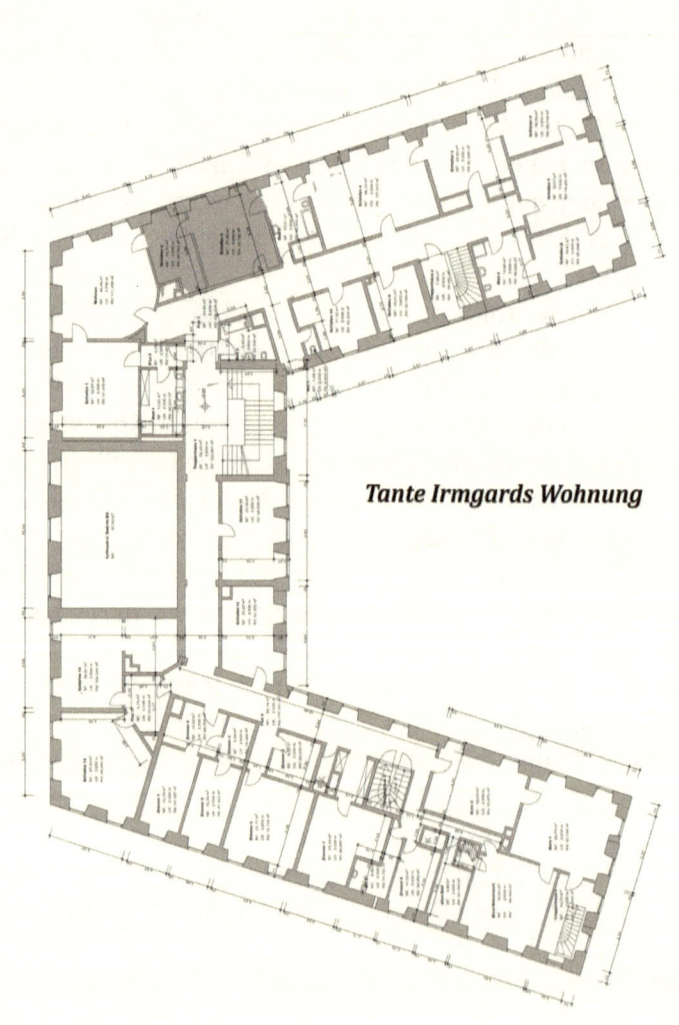

Tante Irmgards Wohnung
Ein bayerischer General und der hüpfende Strumpf

Tante Irmgard war die Tochter von Onkel Ludwig Rotenhan, dem Glied der Familie, der es beim Militär am weitesten gebracht hatte. Er trug den Rang eines Generals, eines bayerischen obzwar, aber immerhin.
Ludwig wiederum war der Sohn vom Ololol, Julius, aus Eyrichshof, dem Bruder meines Ur-Urgroßvaters. Und nun heiratete Tante Irmgard einen bayerischen Major, Wieser mit Namen. Dieser stand in dem Ruf ein Genießer zu sein, allerdings nur um des Reimes willen. So rezitierten es jedenfalls die Dorfburschen in einem Gedicht, das sie bei einem Fest vortrugen.
Weshalb Tante Irmgard, eigentlich eine Eyrichshöfer Rotenhan, nach Rentweinsdorf zog, erzählte mir niemand. Sie wohnte in der Stube neben Tante Kaulas Bad. Als Schlafraum stand ihr das angrenzende Zimmer zur Verfügung. Dort gab es einen zauberhaften Kaufmannsladen, der hinten in der Ecke eingebaut war. Leider existiert er nicht mehr.
Das fällt ins Sündenregister meiner Eltern. Ihre Begründung: Er war wurmstichig. Eine faule Ausrede. Dazu muss man wissen, dass bei uns raummeterweise irgendwelche Schränke, Betten und Stühle vom Holzwurm befreit wurden. Gut, die mochten wertvoll sein. Der Kaufladen in Tante Irmgards Schlafzimmer hingegen war absolut einmalig. Nirgendwo habe ich wieder so etwas Entzückendes gesehen. Und ich empfinde es noch heute als Privileg, darin gespielt zu

haben. Tante Irmgard gehörte zu den herzensbesten Wesen, die ich mir vorstellen konnte. Das Wort „nein" war ihrem Wortschatz fremd, und so war sie es, die mich wiederholt aus gewissen finanziellen Engpässen befreite.

Sie hatte ein Händchen für Fremdwörter. Eines Tages kam sie beeindruckt von einem Verwandtenbesuch zurück und berichtete, dort sei man so vornehm, dass diese Familie vor dem Mittagessen einen „Imperativ" zu nehmen pflegt.

Später zog Nane in ihre Wohnung ein und eines Morgens während der Sommerferien rannte sie aufgeregt in Schorschs und mein Zimmer. Dass sie dabei wenig anhatte, nahmen wir billigend in Kauf. Mit allen Anzeichen eines gehörigen Schreckens berichtete sie, dass einer ihrer Strümpfe umher hüpfe. Sofort rückten wir zur helfenden Tat aus, ich griff einen Schlappen, Schorsch fand irgendwo einen dieser alten Dosenöffner mit dem Sporn vorne dran, und tatsächlich, in Nanes Zimmer hüpfte ein Strumpf herum. Ich haute mit dem Schlappen drauf, der Strumpf hüpfte weiter. Dann schlug Schorsch mit dem Dosenöffner zu. Der Strumpf fiepte und rührte sich nicht mehr. Mein Vetter hatte die Maus getroffen, sie buchstäblich ans Parkett genagelt. Ein Ungeheuer war gebändigt. Nane zeigte sich erleichtert und wir waren mächtig stolz auf unser „Frühbillig", wie wir unser Abenteuer am frühen Morgen nannten.

Immer wenn Nane - mittlerweile verheiratet - Rentweinsdorf besuchte, wohnte sie in ihren alten Räumen. Auch noch, als ihr Sohn Caspar schon auf der Welt war. Als er schlief, malten wir ihm mit einem „Stabilo"-Marker einen grünen Schnurrbart und Brusthaar. Nane ärgerte sich, das war schließlich der Zweck der Übung. Sie führte sich so Gotts erbärmlich auf, dass Dadi, der unsere Idee insgeheim auch komisch fand, sich gehalten sah, uns zu ermahnen.

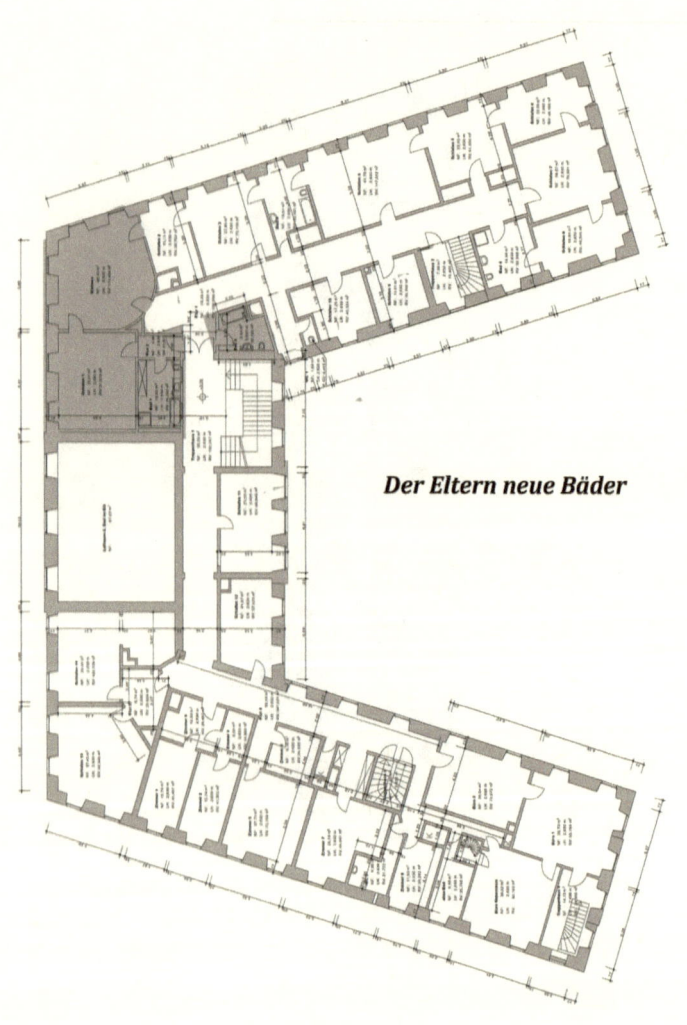

Der Eltern neue Bäder

Der Eltern neue Bäder
Getrennte Bäder, der erste Schritt zur Scheidung

In den beiden Zimmern, die sich an Tante Irmgards Wohnung anschließen wohnte zunächst Tante Emma, und nach deren Tod Ellel und Nanna Kuzzer, Kuckas Schwestern. Tante Emma, geborene von Löbbecke war die Witwe von Hansgeorg Rotenhan, dem zweiten Sohn aus Buchwald in Schlesien, der nach Onkel Hans' Pleite und vor Üpä den Posten des Majoratsherrn inne hatte.

Jeder, der Tante Emma anschaute, sah eine große, etwas grobschlächtige Dame, die stets in schwarz gekleidet, fast täglich nach Sendelbach lief, um die dort lebenden schlesischen Rotenhans zu besuchen. Sie muss auf ihr Äußeres nur wenig Wert gelegt haben, denn die Buben im Dorf riefen ihr auf der Straße nach „Frau Baron, Frau Baron, hast a Loch in dein Strumpf". Am Anfang hatten wir Kinder Angst vor ihr, weil sie mindestens die doppelte Größe von Ümä maß. Wir merkten aber bald, dass sie eindeutig zu den freundlichen Tanten gehörte.

Nachdem Ellel gestorben war, und Nanna in die Orangerie einzog, bekamen die Eltern diese beiden Räume als Schlafzimmer. Die Tür zum Gang sperrten sie zu und man kam nur noch durch den Gang neben dem Badezimmer hinein. Endlich hatten die beiden etwas Privatsphäre. Und endlich hatte jeder von ihnen ein eigenes Badezimmer. Dadi hatte sich oben im alten Elternbad einen Jux daraus gemacht, Mutter, wenn sie sich gerade abgetrocknet hatte, wieder kalt abzuduschen. Ich denke, nicht nur langsam, sondern von Anfang an fand Mutter das „außer allem Spaß". Solche und ähnliche Scherze unseres Vaters förderten nicht den Ehefrieden...

Wir Kinder nahmen das zum Anlass zu behaupten, die getrennten Badezimmer seien der erste Schritt zur Ehescheidung. Und diese Erkenntnis verbreiteten wir vehement in alle Himmelsrichtungen.

Beide Bäder besaßen ein Fenster zum mittleren Treppenhaus. Dadis Badezimmer lag unter der Speisekammer, war schlecht beleuchtet, wirkte grau und spartanisch ausgestattet.

Mutters Bad hingegen befand sich unter dem Zeichenstubenkabuff. Wir empfanden es als hell, weil es in Gelb und hellem Blau angestrichen war. Zudem überzeugte es durch Geräumigkeit, denn hier standen sogar Kleiderschränke, haufenweise Tiegel und Flacons. Alles wirkte geradezu barock.

Weiter können wir im Mittelstock nicht gehen, weil hier der Untere Saal in das mittlere Stockwerk hineinwächst.

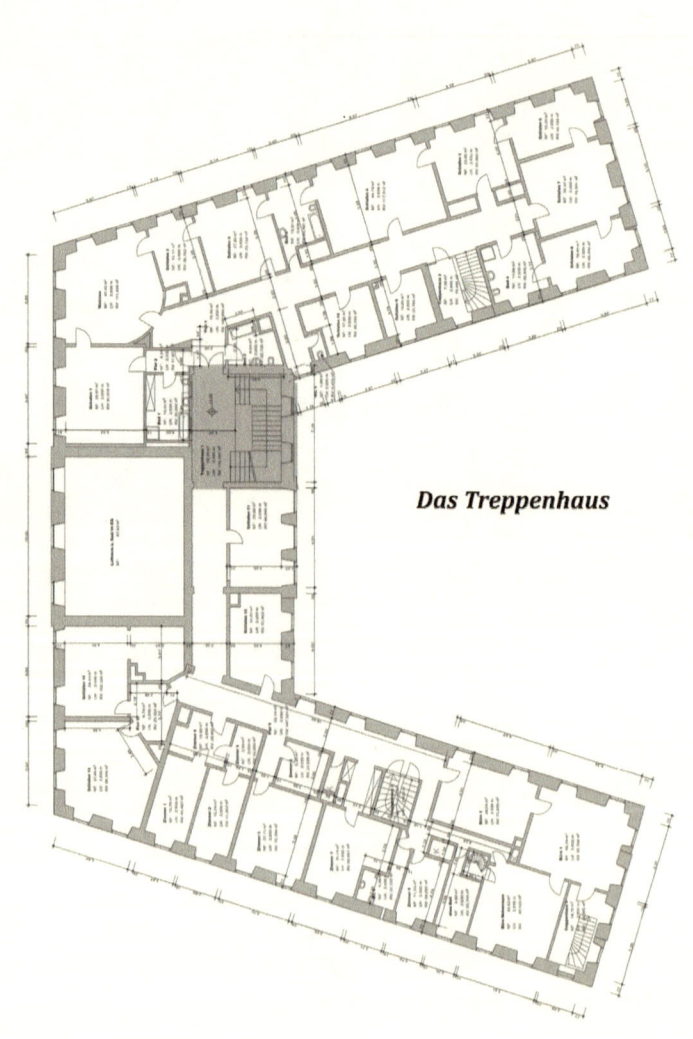

Das Treppenhaus

Das Treppenhaus

„Es turnt ein Löw im Wappen gar,
bei Bischofs hat man's gerne bar"

Dass die Rotenhans besser daran getan hätten, katholisch zu bleiben, sieht man exemplarisch am Treppenhaus. Gut, es schwingt sich mit einer gewissen Eleganz in die Höhe, ein Porträt von Joseph II. fehlt ebenfalls nicht. Aber was ist das schon gegen Pommersfelden? Da mag einer mäkelig einwenden, dass die Schönborns Schloss Weißenstein mit Schmiergeldern bauen ließen. Dass die Habsburger den Mainzer Bischof Schönborn in seiner Eigenschaft als Kurfürst bezahlt hätten, damit er Josef II. zum Kaiser wähle, wird gemunkelt. Ja und? Hätte ein Rotenhan als Bischof von Mainz den Zaster etwa nicht genommen? Und wie elegant nähme sich das rotenhansche Wappen auf all den Gebäuden in Erfurt, Mainz, Würzburg, Bamberg, Eichstätt, Prag und Wien aus? Stattdessen turnt da jetzt ein gekrönter Löwe auf drei Zacken herum. Das kommt halt davon, wenn man auf dem falschen Bein hurra schreit.

Das mittlere Treppenhaus birgt übrigens den großen Vorteil, dass seine Stufen erheblich bequemer zu erklimmen sind als die der beiden Nebentreppen. Die Höhe der Absätze erlaubte es uns zu rennen, die anderen bremsten uns. Bei schlechtem Wetter standen wir stundenlang auf dem obersten Treppenabsatz und spuckten hinunter. Von dort oben segelten unsere Papierflieger elegant nach unten und wir lernten gleichzeitig, dass Spucke erheblich schneller unten ankommt als ein zum Flieger gefaltetes Stück Papier, erste wissenschaftliche Erkenntnisse.

Aufregende Sachen passierten hier nicht, wenn man mal von Tante Annes Juhu-Episode mit glücklichem Ende absieht. Dadi mied über Jahre das Treppenhaus. Er behauptete, hinter jeder Tür und jeder Ecke lauere eine Tante, um sich bei ihm über eine andere zu beschweren. Wir erinnern uns: Die Tanten Anne, Margarete, Emma, Irmgard und last but not least Kaula. Wenn er aus dem Büro kam, lief er quer über den Schlosshof und nahm die Kleine Treppe im Südflügel nach oben, so entkam er der nervenden Fünferbande.

Bei Festen erstrahlte das Treppenhaus in voller Pracht. Nachdem die Gäste im Unteren Saal mit einem Glas Sekt begrüßt worden waren, suchten die Herren auf langen aushängenden Listen den Namen ihrer Tischdame, der man den Arm bot und mit ihr langsam nach oben ging, wo im Oberen Saal das kalte Buffet aufgebaut war. Nach dem Essen ging es dann wieder treppab in den Unteren Saal, wo unterdessen die Musik ihre Instrumente aufgebaut hatte und der Ball begann.

Bei Mutters Beerdigung verlegten wir die Kondolenzcour ins Treppenhaus, weil es draußen schüttete. Ich stand da zwischen Badda und Thia und Hunderte von Menschen zogen an mir vorbei, die ich zum allergrößten Teil nicht kannte und sie mich wahrscheinlich ebenso wenig. Ich wohnte zu jener Zeit schließlich seit Menschengedenken in Spanien. Irgendwie empfand ich es sogar erlösend, als einer der zahllos anwesenden Vettern nach seinen Beileidsbekundungen mich im Auftrag seiner Frau fragte, ob ich mir die Haare färben ließe.

Übrigens stoßen wir auch hier wieder mal auf die schon häufiger erwähnte Mauer. Ihr ist es geschuldet, dass sich die Treppe nicht zentral hochschraubt, sondern nach rechts in die Ecke abdriftet. Aber machen wir uns nichts vor, auch ohne die Mauer hätte es zu einem Entree à la Pommersfelden nicht gereicht. Erst die zweite Generation nach dem Schlosserbauer hat die letzten Schulden für das Haus abbezahlt.

Die Geschichte mit den kaiserlichen Schmiergeldern hätte Mudda wie folgt kommentiert: Die ham den Bischofshut falschrum hingehalten, aber wir? Hut auf und forts arbeidn im Wald"! Hut auf und ab geht's zur Arbeit im Wald.

Mutter, hielt von Katholiken nicht all zu viel, sie war eine durchaus filigrane „Gadohlnhasserin", vulgo Katholikenhasserin. Sie hatte zwar Freunde und Verwandte dieser Konfession, aber sie traute ihnen nicht über den Weg. Ein paar Monate vor ihrem Tod erzählte sie mir, eine sehr gute katholische Freundin sei bei ihr mit einer „Betschwester" erschienen. „Die zwei hab ich rausgeschmissen. Ich lass mich doch nicht auf meine alten Tage katholisch machen"!

Das Treppenhaus

Vom Dunklen Gang...

Vom dunklen Gang bis zur Helga ihrem Schlafzimmer
Der Balkon, das Bidet und ein Ort in der Schweiz

Der dunkle Gang heißt nicht mehr so, weil er nicht mehr dunkel ist. Früher endete die mittlere Treppe im Zwischengeschoss an je zwei Glastüren. Die rechts ist noch da, die zum dunklen Gang gibt es nicht mehr. Der Gang hatte sogar ursprünglich zwei davon, eine am Treppenhaus, einen an seinem Ende und diente, jawohl, erraten, als weitere Rumpelkammer. Mehrere Schränke standen hier herum, in denen weiß der liebe Himmel wessen Zeug aufbewahrt wurde.

Die einzige richtige Tür führt zur Balkonstube. Dort wohnte nach dem Krieg Tante Margarete, ich erinnere mich nicht an ihren Nachnamen. Früher war die Balkonstube ein Schlafzimmer, heute ist sie nur noch ein Zimmer ohne klar definierten Gebrauch und so brach man zwei Fenster in die Wand, die den dunklen Gang nun erhellen. Tante Margarete hatte übrigens einen etwas längeren Hals als andere Menschen. Im Dorf hieß sie deshalb „die Giraffn", was wir mit Vorliebe hinter vorgehaltener Hand nachäfften.

Üpä war der Überzeugung, dass der Balkon, der der Stube ihren Namen gibt, bei der geringsten Belastung abbrechen werde. Als Tante Margarete weggezogen war, veranstaltete Mutter zum Entsetzen ihres Schwiegervaters einen Damentee auf dem Balkon, nichts geschah. Für uns

Ümä wirft Ostereier vom Balkon 1965

Kinder war der Balkon nur am Ostermontag von Bedeutung, denn dann warf Ümä von dort oben Schokoladeneier in die Menge. Ein herrliches Spektakel und wilde Rauferei, die die Enkel, anwesende Verwandte und Freunde unbeschreiblich genossen. Meinem Großvater ähnlich hatte ich bei dieser Gelegenheit auch meine Befürchtungen, denn hätte Ümä bei ihren ausladenden Wurfübungen das Gleichgewicht verloren, sie war über achtzig, das zierliche Barockgeländer hätte sie nicht gehalten.

Später kam der Balkon erneut zu einem gewissen Ruf, als nämlich Badda nach der Jagd, die er anlässlich seines 40. Geburtstages gab, die Brüche an zu ehrenden Schützen verteilte, indem er sie von dort aus zuwarf. Der Erfolg war, dass die Fürstlichkeiten die ihnen zugedachten Ehrungen aus dem Staub des Schlosshofes aufklauben mussten.

Thia hat die Szenerie abends in einem wunderschönen Blues künstlerisch überhöht. Der Refrain ging so: „He plays the easy game to make friends."

Der dunkle Gang hatte zunächst kein elektrisches Licht und war der blanke Horror, denn es war in keinster Weise auszuschließen, dass zwischen den Schränken, der Bobbelootz nicht doch eine Dependance eröffnet haben könnte. Ich querte diesen Gang nur rennend. Einmal erwartete mich zufällig am anderen Ende der Üpä und fragte nach meiner Eile. Schrecklich! Ihm konnte ich doch nicht von meinen begründeten Sorgen erzählen. Meine Vorstellungskraft ging nicht weit genug um mir zu denken, dass er womöglich Verständnis hatte, schließlich war er ja auch hier aufgewachsen und kannte daher den Bobbelootz nur zu gut

Als später elektrisches Licht im den dunklen Gang angeschlossen wurde, kam alles noch schlimmer, denn um am Schalter drehen zu können, musste die Glastür erst geschlossen werden. Das dauerte vielleicht eine Sekunde, und so stand man eine halbe Ewigkeit lang ungeschützt mit dem Popo zum Gang. Das wusste der Bobbelootz natürlich und seine Krallen und Zähne wurden nur noch bedrohlicher.

Am Ende des dunklen Gangs begann die „Karl'sche Wohnung". Früher waren hier Üpäs Gästezimmer untergebracht.

Mudda fand einmal einen „Besuch" von Üpä, der oder die unschlüssig auf dem Gang auf und ab lief. Was denn sei? „Er hat mir bei der Ankunft gesagt, Gäste seien am besten im Bett aufgehoben." Üpä war für viele eine solche Autoritätsperson, dass sie nicht unterscheiden konnten, was ernst gemeint und was nur Spaß war.

Später wurde die Wohnung zur Boltze'schen Ferienwohnung erklärt. Sehr großer Erfolg ward ihr nicht beschieden, denn oft waren die "Böltzchens" nicht da. Schon damals merkte ich, dass es zwischen Mudda und ihren Schwägerinnen nicht immer ganz leicht war. Ich nehme nicht an, dass Mutter eifersüchtig war, aber sie liebte sie aus der Ferne, quanto pìu lontano. Sie ahnte, dass sie bei den häufigen Ehetrübungen zumindest nicht auf ihrer Seite stehen würden. Dadis Schwestern waren selbstredend nach der Großmeisterin Ümä die Ordensdamen der abgrundtief in den Goldkelch Blickerei.

Danach wohnte hier Herr Karl mit seiner Frau. Der einzige Sohn hatte seit sieben Jahren eine Verlobte und kam ab und zu „auf" Besuch. Dann ordnete er seine Briefmarkensammlung während der Rumtopf im Eck ab und zu „blubbte".

Gegenüber, noch zum Mittelbau gehörend, befand sich Freuln Kühls Zimmer. Sie war eine äußerst zierliche Berlinerin, die als Üpäs Sekretärin fungierte. Ganz früher sah man sie manchmal unten im Büro, wo sie etwas tippte, später führte sie virtuell Üpäs Haushalt. Virtuell deshalb, weil es da nichts zu führen gab. Allerdings hatte sie eine sehr wichtige Aufgabe, von der noch zu berichten sein wird.

Im Nordflügel liegt der Gang nach Süden und fast alle Zimmer gehen nach Norden. Der so gewonnene Platz wird durch Vorräume oder Wandschränke genutzt, in denen natürlich wieder altes Zeug gelagert wurde. Mudda, eine große Wegschmeißerin vor dem Herrn, musste buchstäblich warten, bis alle aus der vorgehenden Generation gestorben waren, um diesem unbeschreiblichen Durcheinander ein Ende setzen zu können. Nach der Karl'schen Wohnung folgt nun, etwas nach hinten versetzt „der Helga ihre Küche" Das war ganz normales Deutsch, was ein Genitiv ist, wusste nur die Ümä.

Helga war Üpäs Köchin und hatte, wie damals üblich, einen Dutt auf dem Kopf. Mudda hatte sowas zwischendurch auch mal. Helga heiratete einen Lasterfahrer vom Ziegler Müller. Vor wenigen Jahren habe ich bei einem Fest im Dorf einen jungen Mann gesehen, der genau so aussah wie ihr Ehemann. „Bist du der Helga ihr Sohn?" fragte ich ihn. „Ja, wieso?" „Weilst aussichsd wie dei Vaddä."

Helga war mit uns Kindern reizend, aber mein Herz gehörte der Dorett. Sie hatte einen undefinierten Status in Üpäs Reich. Köchin war die Helga, Sekretärin war Freuln Kühl, was machte Dorett? Mir war das einerlei. Dorett gab mir immer ein Stück Zucker und wenn ich fand, dass Tante Irmgard genügend geblutet hatte, dann war auch sie für „a Fuchzicherla" gut. Ich habe wenige aber nur gute Erinnerungen an sie.

Später, als Dorett als Nachbarin neben dem Hoch's Karl und der Hoch's Martha unten im Hof wohnte, hat sie mir beigebracht, wie man Pfannkuchen backt. Und auch wusste sie vom Bobbelootz. Sie behauptete, im Sommer wohne er in der Baunach, konkret bachaufwärts bei der Linder Brücke. Das hatte zur Folge, dass wir da nicht mehr hingingen. Viele Jahre später erfuhr ich, dass Dorett an der Stelle immer nackt in der Baunach badete. Ob und wie sie die männliche Dorf-jugend, die das natürlich wusste, verscheuchte, weiß ich nicht. Jedenfalls fand ich im Nachhinein, dass sie unlauteren Gebrauch vom Bobbelootz gemacht hatte. Er ist partikularer Interessen nicht feil. Das allumfassende Schreckensregiment dieses Gesellen umschließt den Bereich des Schlosses und alle, die darin leben, sind von ihm bedroht. Fertig.

Alle anderen Geschichten von Dorett kenne ich nur aus Erzählungen. Dorothea Wolff, so hieß sie mit vollem Namen war unverheiratet und galt deshalb erstens als mannstoll und zweitens als neugierig. Man berichtete von ihr Folgendes:

Rentweinsdorf hatte einen neuen jungen Pfarrer bekommen. Von Sendelbach bis Eichelberg, von Goggelgereuth bis Losbergsgereuth besuchte er seine Schäfchen zu Fuß und las, um die Zeit zu nutzen, aus erbaulichen Handreichungen. Dorett aber hatte ein Auge auf den frommen Mann geworfen und folgte ihm auf dem Fahrrad. Hatte sie ihn gefunden, umkreiste sie ihn stumm wie ein Fisch aber gefährlich wie eine Natter. Das ertrug der Pfarrer eine Zeit lang, nachdem aber selbst ihm das Begehr der jungen Dame klar geworden war, zog er an der spirituellen Notbremse: „Abage, satanas!" schleuderte er ihr entgegen. Es war ja nicht das Fräulein Wolff, die was von ihm wollte, sondern der in ihr wohnende Teufel. Gefahr erkannt, Gefahr gebannt.

In der anderen Geschichte ging es um ihre Neugier. Unsere Mutter verstand sich mit ihrem Schwiegervater prächtig. Das Vater-Sohn-Verhältnis war hingegen durchaus spannungsgeladen. Im Falle meiner Mutter fanden sich zwei

Gleichgesinnte, zumal unbestritten beide äußerst amüsante Zeitgenossen waren. Fast täglich besuchte Mudda den krachtauben Üpä, und dann erzählten sie sich Geschichten und besprachen das Neueste vom Tage, wobei Üpä seinen Hörapparat wie ein Mikro Mudda vors Gesicht hielt. Die Wertschätzung derer, die im Schloss arbeiteten, bemaß sich damals im Dorf noch danach, wer Nachrichten von dort liefern konnte. Dorett konnte, sie saß ja tagtäglich an der Quelle. Üpä aber kannte seine Dorett und obwohl er es nicht hören konnte, wusste er genau, wann sie an der Tür lauschte. Er gebot Mudda weiter zu sprechen und ging mit unerwarteter Behändigkeit auf die Tür zu, riss sie auf und fing Dorett in seinen Armen auf. Kein Wort des Vorwurfs, keine Vermahnung. Die Ertappte strich ihre Kleider glatt und machte sich wieder an die Arbeit. Üpäs Nasenflügel zitterten, ein Zeichen, dass er amüsiert war.

Nach ihrer Küche kam der Helga ihr Schlafzimmer. Die eingebauten Schränke auf beiden Seiten des Gangs zur Schlafstube waren mal wieder mit Pröll vollgestellt. Als Helga geheiratet hatte, wandelte sich auch noch ihr Zimmer zur Rumpelkammer, es wurde vollgestopft mit zerlegten Betten, demontierten Schränken und Bidets.

Und um diese geht es in der nächsten Geschichte: Die Truchsessens aus Bundorf galten als arm. Als Üpä seiner Lieblingstochter Hesi einen Volkswagen schenkte, kam sie mit diesem auf den Schlosshof gefahren, um sich bei ihrem Vater zu bedanken. Der brandneue Käfer stand vor dem Haupteingang, als der Förster Elflein, alias der Becken Martin, kurz Wolfgang Elfleins Vater, auf dem Schlosshof erschien. Er hatte nie einen Hehl daraus gemacht, dass er Atheist sei. Und deshalb, wie Dadi sagte, kannte er sich in der Bibel aus. Er umkreiste das neue Auto zwei Mal und dann sagte er: "Sie säeten nicht, sie ernteten nicht, und unser himmlischer Vater ernähret sie doch." So viel zum cash flow in Bundorf.

Aber der liebe Gott ist gerecht, und so hatten die Bundorfer zwar kein Geld, aber zum Ausgleich zwei Schlösser, das in

Bundorf und die Bettenburg. So lag es nahe, dass irgendwann jemand auf die Idee kam, aus Letzterem ein Hotel zu machen. Rotenhan-Bräu richtete Gaststube und Küche ein. Die Zimmer sollten aus vorhandenen Beständen bestückt werden. Traktoren mit zwei Anhängern fuhren vor, und aus all den beschriebenen Rumpelkammern wurden Betten, Schränke, Kleiderständer, Stühle und Kommoden aufgeladen, um den Bundorfern zu helfen. Mudda, die große Wegwerferin und Stilpuritanerin, hätte das alles mit Wohlwollen ansehen müssen. Wenn ich mich aber in sie hineinversetze, dachte sie: „Immer wird den anderen geholfen, um mich kümmert sich niemand und die Truchsesse überhaupt".

Unternehmen konnte sie gegen diese Wohltäterei nichts, fand aber einen Weg, um ihren Unmut zu artikulieren: Sie ließ alle im Schloss vorhandenen Bidets auf die Anhänger laden und schickte sie mit segnenden Bewegungen weg. Ein Bidet war damals nicht ein an die Wand geschraubtes Kunstwerk von Villeroy und Boch, sondern ein wackeliges eisernes Gestell mit einem überdimensionierten emaillierten Langenburger Wiebele oben drauf. Zu nichts zu gebrauchen, es sei denn, man war schon einmal in Frankreich gewesen. Ein Langenburger Wiebele ist ein köstliches, etwa einen Zentimeter großes Gebäck aus der namensgebenden Stadt im Nordosten des Bundeslandes Baden-Württemberg, dem sogenannten Hohenloher Land.

Tante Hesi konnte mit den vielen Bidets natürlich nichts anfangen und sann auf Rache. Am kommenden Weihnachtsfest bekam jeder von uns einen Schlitten von ihr geschenkt. Sie ließ das emaillierte Wiebele entfernen und durch ein ebenso geformtes Brett ersetzen. Dann machte der Schmied noch Kufen dran, fertig war der Schlitten. Das Gefährt war alles andere als stabil und man konnte damit Vieles machen, nur nicht Schlittenfahren. Ich beschwerte mich bei Dadi, der meinte, das sei dummes Gerede und klebte mir eine. Ich nehme an, dass er von seiner Frau schon in dieser Sache genug genervt war. Ich aber bestand darauf, ihm vorzuführen, dass mit dem Ding nichts anzufangen war und fuhr vor seinen Augen „lecherles", im Liegen, den kleinen Berg zum Gutshof hinunter. Ohne dass ich es verhindern konnte, zog es das Gefährt nach rechts an die Mauer, auf der die Tanksäule stand. Ich klemmte mir den Finger ein, heulte und bekam wider Erwarten nicht eine weitere gelangt.

Dadi nahm meine Hand, entschuldigte sich für die Ohrfeige und ging mit mir zum Kaufmann Müller im Unterdorf, wo er mir einen Schlitten kaufte. Es stand DAVOS darauf. Es gab damals zwei Schlitten, die man als echter Bub fahren konnte. Den einen baute eine Firma, die auch Pflüge herstellte. Konsequenterweise wurde dieser von der BAYWA vertrieben. Und dann gab es eben den DAFOS, den absoluten Mercedes unter den Schlitten. Und ich hatte einen DAFOS! Ein nicht zu beschreibendes Glück. Mit einem Schlag rückte ich vom „underdog" zum „rey del mambo" an der Eisgrube auf. Dass Davos ein Ortsname ist, habe ich erst später erfahren. Als meine Enkeltochter einen Schlitten bekommen sollte, achtete ich darauf, dass ein DAFOS gekauft wurde. Rosebud ist ein Scheißdreck dagegen!

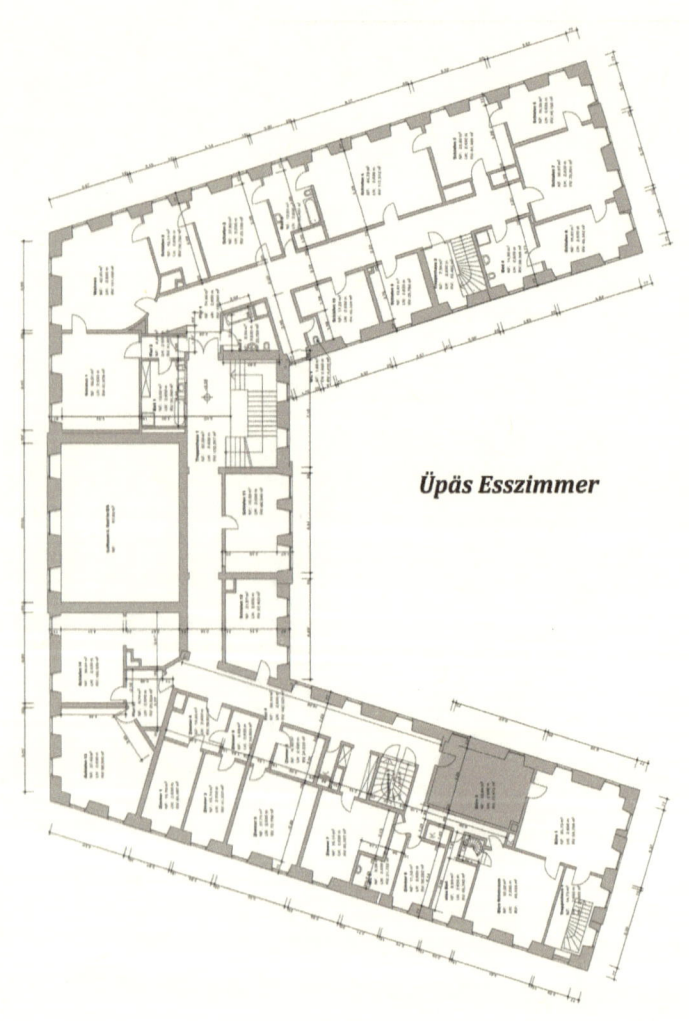

Üpäs Esszimmer

Die Wanduhr macht „grx" und wir erfahren,
die Welt ist ungerecht

Am Ende des Ganges kommt man in zwei hintereinanderliegende Zimmer. Lange dienten sie als Büro meines Vaters und später meines Bruders. Davor aber, war das Üpäs Esszimmer und anschließend Üpäs Arbeitszimmer Manchmal, wie bei Ümä, wurden die Enkel zum Essen eingeladen, so auch ich. Was es gab, weiß ich nicht mehr. Ich erinnere mich nicht, ob man gut oder schlecht aß, nehme aber eher Letzteres an.

Üpä war sehr sparsam, geizig wohl nicht, das Auto für die Bundorfer spricht dagegen. Aber er war extrem kostenbewusst. Er hat seinem Sohn einmal vorgeworfen, zwei VWs für eine Familie seien Luxus. Nachdem dieser ihm vorgerechnet hatte, dass seine beiden Kutschpferde, samt Verpflegung, Stall und Kutsche erheblich teurer kämen als beide Volkswagen-Käfer zusammen, schaffte er die Pferde am nächsten Tag ab. Das war für uns Kinder sehr schade, denn wir liebten es, mit Üpä im Pferdewagen durch den Wald zu fahren. Er spielte dann mit uns „ri-ra-rutsch, wir fahren mit der Kutsch, wir fahren mit der Schneckenpost, weil das keinen Kreuzer kost." Er erklärte uns die Bäume und die Namen der Waldabteilungen. Eine solche Kutschfahrt auf den Eichelberg blieb mir im Gedächtnis. Nie habe ich den Wald schöner gesehen, nie kam er mit unendlicher vor, ein Moment echten Glücks.

Das Mittagessen bei Üpä wäre nicht erwähnenswert,

hätte es nicht zwei Höhepunkte geboten, die beide vor dem eigentlichen Essen lagen: Zunächst musste seine Sekretärin, Freuln Kühl, obwohl in unseren Augen steinalt, auf einen Stuhl steigen, um das Musikwerk der Wanduhr aufzuziehen. Ich dachte schon damals. „Ich wenn die wär, däd ich des Ding vorher aufzieh." Ich verstand nicht, wie sie sich dieser Situation aussetzen konnte, unter den prüfenden Blicken von Üpä im Rock auf einen wackligen Stuhl zu klettern. Dann wurde die Melodie abgespielt, am Ende macht die Uhr ebenso „grrx", wie Üpä es machte, wenn er spielte, wir seien ein Cello.

Der nächste Höhepunkt war erreicht, wenn Üpä seine Serviette anzog. Er legte sie nicht über die Knie, vielmehr besaß er eine Kette mit je einer Klemme am Ende, diese legte er sich um den Hals und daran wurde die Serviette festgemacht. Als meine Frau Brigitte es leid war, dauernd meine Schlipse zum Reinigen zu bringen, erinnerte ich mich an dieses Artefakt und habe nun auch eines. Zumal ich auch Üpäs Serviettenring geerbt habe, werde ich so bei jeder Mahlzeit an ihn erinnert.

Ich weiß nicht, ob ich der absolute Lieblingsenkel war, aber unter den Rentweinsdorfern war ich es. Mir sagte er, ich dürfe nie vergessen, dass ich Hans XI sei, und zu Mudda sagte er bei meiner Geburt: „Auch zweite Söhne haben in Rentweinsdorf ihre Aufgabe". Er meinte es vor dem Hintergrund, dass er, der zweite Sohn, die rotenhanschen Besitzungen durch die beschriebenen Schwierigkeiten der zwanziger Jahre gebracht hatte. Ich habe meine Aufgabe als zweiter Sohn über Jahre hinweg darin gesehen, dass ich nach Tante Hesi und Nane der war, der die Theaterstücke zu den Familienfeiern schrieb. Nun lege ich dieses Werk vor, das in seiner Bedeutungslosigkeit dennoch Wichtiges bewahrt.

Üpä hatte ein festes Bild davon, was einen richtigen Buben ausmacht und was er zu mögen habe. Dazu gehörte zartbittere Schokolade und so ging er mit mir des Öfteren zum Kaufmann Müller im Unterdorf, wo er für mich eine in dunkelblaues Papier gepackte Tafel Zartbitter kaufte. Wieder auf den Schlosshof zurückgekommen, schwenkte ich triumphierend „den

Schogglad". Nane und Badda, die leer ausgeblieben waren, zogen einen Flunsch. Nun versammelte Üpä uns drei um sich und sagte: „Der Hans hat was gekriegt und ihr nicht. Das geschieht aber nur, damit ihr lernt, dass die Welt ungerecht ist." Mit solcher Ungerechtigkeit konnte ich gut leben.

Nach Üpäs Tod zog Dadi mit seinem Büro nach oben und das Esszimmer verkam zu einem ganz normalen Durchgangszimmer. Nach heutigen Maßstäben allerdings barg es einen Skandal: In den Glasvitrinen rechts und links von der Tür zum Büro lagerte Dadi nicht nur für jeden sichtbar seine Gewehre, dort befand sich auch die gesamte Munition. Die Vitrinen waren selbstverständlich nicht abgeschlossen, hätte ja auch nicht viel genutzt bei einer Glasvitrine. Jede Woche liefen dort sicherlich zehn oder zwanzig Leute durch, wenn sie etwas von Dadi wollten. Und sicher hat von denen auch mal einer am Stammtisch von den Gewehren berichtet. Gott sei Dank ist nie etwas passiert. Das Haus war nie abgeschlossen und nur einmal ist ein Betrunkener eingedrungen, der, nachdem er im Treppenhaus eine chinesische Vase zertrümmert hatte, flüchtete.

Später kam in den Raum der Rest dessen, was vom unteren Büro übrig blieb. Dies war in erster Linie Frau Roth-Kleyer. Sie kam aus dem Sudetenland und verehrte, ja vergötterte unseren Vater. Sie erzählte, die Büroarbeit wäre ihr an sich egal gewesen, aber wenn wir fort in der Schule oder an der Universität waren, dann habe der Herr Baron Briefe an uns diktiert und nach und nach sei dies das Einzige geblieben, was ihr noch Freude an der Arbeit gebracht hätte.

„Ja, Sie missn wissen, Herr Baron, ich hab ihren Vater ja johrelang beim Briefeschreiben begleided und da hat man dann doch gewisse Endwigglungen mitbekommen. Zuerst kam so e bissl die Pubertät und dann fing das mit den Mädels an, also, ich muss schon soochn, das hat mich alles sehr interessiert." Da sie auch die Briefe, die wir an unsere Eltern schrieben, abzuheften hatte, war sie die Person, die am allumfassendsten über die Geschehnisse in der Familie unterrichtet war.

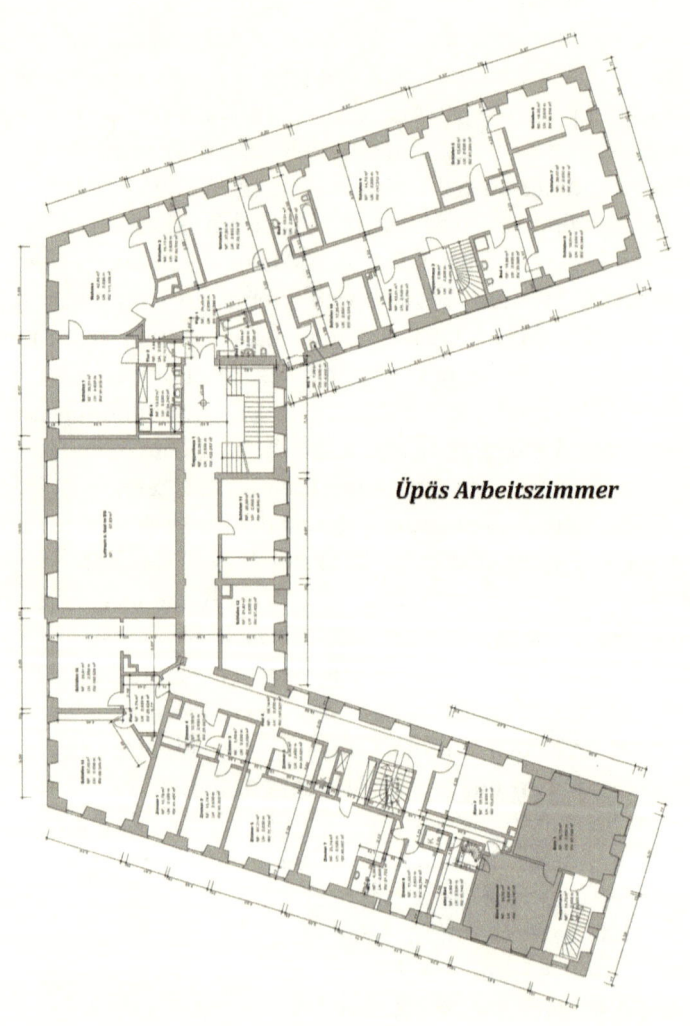

Üpäs Arbeitszimmer

Üpäs Arbeitszimmer
Die Zentrifugalkraft, ein Spitzbub als Vater und der Halleluja-Zwerg.

Üpä, Siegfried Freiherr von Rotenhan, war durch und durch Soldat. Als Zweitgeborener fand sich zunächst kein Platz für ihn in der Verwaltung des Besitzes. Darum, und das galt fast schon als gottgegeben, schlug er die militärische Laufbahn ein. Natürlich nicht in Bayern, davon hielt man besonders in Rentweinsdorf gar nichts. Nein, er trat wie selbstverständlich in preußische Dienste und diente bei den Fürstenwalder Ulanen.

Blond, hochgewachsen, rank und schlank, sah er besonders auf dem Pferd blendend aus. Er war natürlich ein hervorragender Reiter, ungezählte Geschichten berichten davon. Mit allem Herzblut ging er in seinem Beruf auf, so sehr, dass er damit sogar seinen preußischen Offizierskameraden auf die Nerven ging. Aber für Clara von Wedemeyer, aus Schönrade in Pommern, erschien er offenbar als der blaue Prinz aus dem Märchenland.

Er, ein armer Schlucker, der von seinem kärglichen Offizierssold lebte. Sie, die verwöhnte älteste Tochter eines der größten Grundbesitzer im Warthe-Gau. In ihrer Heimat zog man die Augenbrauen hoch. Noch dazu aus Süddeutschland, aber immerhin evangelisch.

Die Braut war zwanzig Jahre alt, als sie den Angehimmelten heiratete. Nun endete für sie das Leben im Herrenhaus mit vielen Bediensteten. Das Paar wohnte zunächst in Fürstenwalde und während des Krieges in einer

Offizierswohnung in Berlin-Charlottenburg. Dort gebar sie als viertes Kind, vierzehn Jahre nach der ersten Tochter, meinen Vater. Anno 1917, noch als kaiserlicher Untertan, darauf legte sie Wert.

Nach dem Krieg leitete Üpä zunächst die rotenhanschen Forstbetriebe und nach der Pleite der beiden Majoratsherren in Eyrichshof und Rentweinsdorf den gesamten rotenhanschen Besitz. Im Schloss nahm er dort Quartier, wo wir uns bei unserem Rundgang gerade befinden. Ich glaube er entschied sich so, weil schon seine Eltern dort gewohnt hatten. Urgroßvater Gottfried fand die Räume des oberen Stockwerkes einfach zu protzig.

Üpä hatte kein Wohnzimmer, er hatte ein Arbeitszimmer, in dem er auch wohnte, mit Blick auf Schlosshof und Kirche. Die Einrichtung war äußerst sparsam. Ein Tisch mit vier zum Teil sehr unbequemen Lehnstühlen drum rum, das war's.

Den Rest des Zimmers füllte ein mit grünem Tuch bedeckter riesiger, hoher Tisch aus. Es waren mehrere Bretter auf Holzböcken. Darauf lagerten die Bücher, mit denen er sich gerade beschäftigte.

Hier empfing er zur Audienz. Meine Mutter, mit der er sich prächtig verstand, besuchte ihn fast täglich. Wenn sie hereinkam, stand er auf, küsste ihr die Hand und begleitete sie zu dem Stuhl neben sich. Das wirkte nicht affektiert, das war vollkommen selbstverständlich. Er hätte sich nicht vorstellen können, anders zu handeln.

Das Verhältnis zu seinem Sohn gestaltete sich erheblich schwieriger. Obwohl auch dieser sich als Vollblutsoldat verstand, hielt er von dessen Qualitäten nicht viel. Er misstraute ihm und übergab ihm nur untergeordnete Aufgaben in den Rentweinsdorfer Betrieben. Das schmerzte unseren Vater natürlich, zumal er zuvor im Krieg sehr verantwortungsvolle Stellungen innehatte. Er fühlte sich zum Unteroffizier degradiert. Als sein Vater ihn eines Tages vor allen Arbeitern auf dem Gutshof abkanzelte, war das Maß voll und er beschloss sich bei der gerade neu gegründeten Bundeswehr zu melden, was er ihm noch am selben Tag des Anpfiffs mitteilte. Damit hatte Üpä nicht gerechnet. Er rief seine Lieblingstochter Hesi Truchsess in Bundorf an und bat sie, ihn am Nachmittag zu besuchen. Offenbar war er stillschweigend davon ausgegangen, dass sie ihm beispringen und ihn bekräftigen würde in seiner vorgefassten Meinung über den Sohn. Am Nachmittag rauschte Tante Hesi mit dem bereits erwähnten Volkswagen auf den Schlosshof. Ohne vorher mit irgendjemandem zu reden, stürmte sie in ihres Vaters Arbeitszimmer, um ihm dort in einer Weise den Kopf zu waschen, dass diesem Hören und Sehen verging. Was ihm denn einfalle, so mit seinem Sohn umzugehen, schließlich habe er keinen anderen. Wer solle denn nach seinem Tod den Betrieb weiterführen? Ihn in dieser Weise von Haus und Hof zu jagen sei der Familie gegenüber unverantwortlich, und schließlich trage der Sohn, ebenso wie der Vater, das Eiserne Kreuz. Sprach's, stieg in den Volkswagen und brauste zurück nach Bundorf. Welches der Argumente nun den Ausschlag gab, weiß niemand, aber am nächsten Morgen ging Üpä zu seinem Sohn und übergab ihm von jetzt auf gleich den gesamten Betrieb. Das Juristische zog sich noch etwas hin, aber Üpä mischte sich nie wieder in irgendeiner Weise ein.

Dadi erzählte mir diese Geschichte mehrmals, betonte immer wieder, wie sehr ihm das Verhalten seines Vaters damals imponiert habe. Er wolle versuchen, bei der Übergabe an seinen Sohn ähnlich zu verfahren. Mein Bruder Sebastian berichtete mir, dass dies ihm nicht hundertprozentig gelang. Dadi schloss die Erzählung interessanterweise stets damit ab, dass er es zum General gebracht hätte, wenn seine Schwester nicht interveniert hätte. So dankbar er für das eine war, so sehr bedauerte er doch das andere. Üpä aber zog sich in sein Arbeitszimmer zurück, schrieb die Fortsetzung der Familiengeschichte und las die deutschen Klassiker.

Selbstverständlich empfing er weiter die beinahe täglichen Besuche seiner Schwiegertochter, die es offenbar sehr geschickt verstand, ihn auf dem Laufenden halten. Das ging stets sehr lautstark zu, denn Üpä war krachtaub. Wir haben davon schon gehört.

An der Seite, die zum Esszimmer grenzt, stand ein großer, brauner Kachelofen, davor eine Bank. Das war der Ort, an dem sich Üpä mit seinen Enkeln beschäftigte. Zunächst spielte er auf uns die Melodie von Rubinstein. Dazu klemmte er sich einen seiner Enkel zwischen die Beine, hob dessen Hände nach oben, wo er sie mit seiner Hand zusammenhielt. Wie ein echtes Cello, das gestimmt werden musste. Er zupfte an imaginären Saiten und drehte an nicht vorhandenen Wirbeln. Tatsächlich aber zwickte er uns in den Bauch. Wenn er wirklich anfing, den Arm als Bogen nutzend, die Melodie von Rubinstein zu spielen, dann war das eine Orgie von Kitzeleien und Gelächter. Nächster Programm-punkt war das Eimer-Schwenken. Dorett wurde beauftragt, einen Eimer halbvoll mit Wasser zu bringen. Den ließ er, auf der Ofenbank sitzend vertikal kreisen. Er wollte uns die Zentrifugalkraft erklären, die aber war uns vollkommen egal. Wir bewunderten den geliebten alten Mann, der Unerhörtes fertigbrachte. In meiner

Die Melodie von Rubinstein.
Thia ist das Cello.

Kinderbibel befand sich ein Bild, wie Moses das Volk Israel durch die „geteilten Wasser" des Roten Meeres führte. Dass Üpä das Nass ebenso überlisten konnte wie der liebe Gott, das war schon was. Danach holte er hinter einer der braunen Wandschranktüren, die es heute noch gibt, ein Kästchen hervor. Er öffnete es, eine Melodie erklang, und jeder durfte eine Mocca-Bohne entnehmen. Die schmeckte natürlich grässlich, die Melodie aber mache alles wett, sie entzückte uns.

Üpä war Militarist und Monarchist. Er sagte, er habe sich 1918, als der Erste Weltkrieg zu Ende gegangen war, in den Sarg gelegt und höbe nur ganz selten den Deckel, um nach den Zeitläuften zu sehen. „Ich mache stets den Deckel ganz schnell wieder zu, denn mir wird schlecht, wenn ich sehe, was da draußen los ist."

Wie schon erwähnt, ließ er sich von jedermann mit Herr Major anreden. Von uns erwartete er, dass wir ihn mit Diener, zusammengeschlagenen Fersen und Händen an der Hosennaht begrüßten, so auch von unseren Spielkameraden. Der Schlosshof verwandelte sich in einen Kasernenhof. Wir brachten allen bei, wie man den Herrn Major zu begrüßen habe. Nicht, weil wir Lust am Herumkommandieren hatten. Wir wollten, dass unsere Kumpels vor unserem Großvater unter keinen Umständen schlecht aussähen.

War unser Großvater ein Nazi? Die Frage verbietet sich dem, der ihn kannte. Er war, ich wiederhole mich, Militarist und Monarchist. Das reichte. Er misstraute demokratischen Verhältnissen zutiefst. Er war fest davon überzeugt, dass ein Staatsystem, das nicht überkommenen Strukturen folgte, nur ins Unglück führen könne. Das Schlimme war, dass die Zustände in der Weimarer Republik seine reaktionären Auffassungen zu stützen schienen. Üpä war davon überzeugt, dass ein Staat nur von einer dünnen Oberschicht, der er sich zugehörig fühlte, regiert werden könne.

Als später die Nazis zunächst vermeintlich Ordnung schufen, die Massen in Arbeit brachten und es auch noch wirtschaftlich aufwärts ging, hielt er davon auch nichts. Immerhin handelte es sich um Sozialisten, also linken Finsterlinge, „rerum novarum cupidi", die nach Neuem strebten. Innovation war für ihn ungefragt schlecht. Hinzu kam, dass in konservativen Kreisen die Nationalsozialisten als linke Kraft abgelehnt und gefürchtet wurden. So ganz von ungefähr scheint das nicht zu kommen, denn in der DDR sprach man nur von Faschisten, nie aber von Nationalsozialisten. Das hätte womöglich zu dummen Fragen führen können.

Für Üpä kam sicherlich erschwerend hinzu, dass Hitler lediglich den Rang des Gefreiten getragen hatte. So einen als Oberbefehlshaber der Wehrmacht zu sehen, das sprengte sein Weltbild. Seine Abscheu vor den Nazis war grenzenlos. Da saßen plötzlich in wichtigen Ämtern Kerle, denen man vorher nicht einmal die Kutschpferde überlassen hätte. Als der „deutsche Gruß" eingeführt wurde, ließ er sich zum Gauleiter fahren und sich von diesem bestätigen, dass er nach wie vor den deutschen Gruß, nämlich „grüß Gott" benutzen dürfe. Als der Krieg aus war, und auch der Letzte von den Gräueltaten erfuhr, sah er sich wiederum in seinen Überzeugungen bestätigt: Die Staatsgeschäfte zu betreiben, das kann man dem Volk einfach nicht überlassen.

Auf Mallorca lernte ich die alte Baronin Münchhausen kennen. Nach der Wende reiste sie nach Thüringen, um den alten Familienbesitz zu besuchen. Entsetzt von dem Zustand des Verfalls kehrte sie zurück und sagte: „Man darf die Proleten nicht alleine lassen". Das hätte auch aus Üpäs Mund stammen können.

Üpä war im Dorf unbeliebt, wie alle Rotenhans. Kein Wunder, denn der größte Bauer besaß so viel Land wie er Dachfläche. „Der Rotenhan" war wie eine Bündelung allen Übels. Als Thia einmal im Dorf gefragt wurde, wohin er gehöre, entspann sich folgender Wortwechsel: „Wen ghörsch denn du aa?" „Den Rodnhan". „No, da hast dir ja an schönna Spitzbum zern Vadder ausgesucht. Für Nichtfranken lautet die Übersetzung: „Zu wem gehörst denn du?" „Zum Rotenhan". „Na, da hast du dir aber einen schönen Spitzbuben zum Vater ausgesucht."

Als Mathias diese Geschichte beim Mittagessen erzählte, wusste Dadi sofort: „Das kann nur ein Arbeiter vom Ziegler Müller gewesen sein." Der alte Ziegler, Johann Müller, schürte den Hass auf „den Rotenhan" bis zu seinem Tode. Weshalb? Wenn Üpä am Sonntag in der Kirche im dem Patronatsherrn vorbehaltenen Baronsstall saß, hatte er links vorne auf einer der Bänke der Empore sein Ebenbild vor sich. Man wusste nur nicht, ob der Ziegler Müller vom Urgroßvater oder von dessen Bruder Julius abstammte. Er war ein zupackender Mann und besaß im Oberdorf eine Ziegelei, die seine Söhne und Enkel im Laufe der Jahre zu einem regional bedeutenden Baustoffhandel ausbauten. Alle Söhne waren groß und stattlich, überragten die übrigen Rentweinsdorfer um Haupteslänge. Als ich vor einigen Jahren in der Kirche saß, fiel ich vor Schreck fast aus der Bank. Mir gegenüber saß mein längst verstorbener Vater. Ich kniff die Augen zusammen und merkte, dass es Andreas Müller, der Müllers Dres, war. Im Alter sah er meinem Vater wirklich zum Verwechseln ähnlich.

Die Verbesserung des Verhältnisses der Rotenhans zum Dorf, verdanken wir allein unserer Mutter. Üpä und Dadi als preußisch geprägte Mannsbilder sprachen nur sehr ungenügend Fränkisch. Mutter aber beherrschte den Dialekt zur Perfektion. Wer genau hinhörte, merkte, dass sie in Wirklichkeit eigentlich kein Hochdeutsch sprach. Sie ging „auf die Leut zu", redete mit ihnen und wenn es notwendig war, half sie. Sie wurde von allen geliebt, zum Teil sogar vergöttert.

Es kommt nicht von ungefähr, dass der Gemeinderat sie zunächst zur Ehrenbürgerin von Rentweinsdorf erklärte, und später noch einen draufsetzte: Er beantragte beim Bundespräsidenten, man möge ihr das Bundesverdienstkreuz verleihen, was auch geschah. Günther Beckstein übte damals noch das Amt des bayerischen Innenministers aus. Er kam persönlich nach Rentweinsdorf, um ihr den Orden zu überreichen. Am Abend vorher rief Mutter auf Mallorca an, wo wir zu jener Zeit lebten, und kokettierte damit, sie wisse gar nicht, weshalb sie die Auszeichnung bekäme. „Immerhin hast du vier Söhne großgezogen und keiner ist schwul", lautete meine Antwort. Zum großen Vergnügen Becksteins erzählte sie ihm meine Replik am nächsten Morgen.

Neben seinem Wohnzimmer, in seinem Schlafzimmer lag, Üpä monatelang und konnte nicht sterben. Dorett und Freuln Kühl pflegten ihn. Letztere sprudelte nicht gerade über vor Charme. Am treffendsten lässt sie sich als kontrollierte und staubtrockene Preußin beschreiben. Sie verehrte den Herrn Major, litt mit ihm, besonders nachdem er sich den Rücken aufgelegen hatte. Immer wenn Üpä merkte, dass es „nauszu ging" wie man in Franken sagt, verlangte er nach dem Abendmahl. Freuln Kühl versuchte dies stets zu hintertreiben, denn offenbar hatte die Segenshandlung oder der Schluck Wein eine belebende Wirkung, und statt sterben zu können, ging es ihm danach jedes Mal besser. Händeringend lief sie Mal für Mal zu meinen Eltern und lamentierte: „Es ist schrecklich, der Herr Major verlangt schon wieder nach dem Abendmahl!"

Als es nicht mehr anders ging, holten die Eltern einen Diakon ins Haus, der eine spezielle Ausbildung als Krankenpfleger aufwies, Herrn Stengel. Üpä behandelte ihn ausgesprochen schlecht, denn erstens war er kleinwüchsig und zweitens war Diakon in seinen Augen nun wirklich kein Männerberuf. Erschwerend kam hinzu, dass er ihm Schmerzen zufügte, wenn er ihn wusch oder die Verbände am Rücken erneuerte. Er nannte ihn, da fromm und klein, nur den Halleluja-Zwerg. Herr Stengel hingegen ertrug die unwürdige Behandlung mit christlicher Demut. Als ihm aber eines Morgens Üpä ein „Hinaus, Sie sind fristlos entlassen" entgegenschleuderte, kehrte er auf dem Absatz um und packte seinen Koffer. Herr Stengel stand schon reisefertig auf dem Planplatz, gleich dem Schloss gegenüber und wartete auf den Bahnbus, als Mutter ihm eher zufällig begegnete. Es gelang ihr, ihn zu überreden, zurückzukommen.

Grund genug für Mutter, einen Besuch an Üpäs Sterbelager abzustatten. Dieser war unteressen, so taub, dass man mit ihm nur mehr mittels kleiner Schreibtäfelchen kommunizieren konnte. Eine Geduldsübung, die stundenlang dauerte, denn Üpä sah auch nicht mehr viel und packte vor jedem Lesevorgang seine Brille umständlich aus dem Etui. Statt sie aber auf der Nase zu lassen, legte er sie nach der Lektüre wieder weg. Unter diesen schwierigen Bedingungen entspann sich der folgende Dialog: Mutter schrieb: „Wenn der Herr Stengel geht, musst Du in Krankenhaus." Umständliches Aufsetzen der Brille. Antwort nach einer halben Ewigkeit: „Ja, das ist gut so, steckt den Halleluja-Zwerg ins Krankenhaus". Mutter versuchte es erneut: „Wenn der Herr Stengel geht, dann muss DU ins Krankenhaus." Nach einer weiteren halben Ewigkeit lautete Üpäs Antwort: „Ja, wenn ihr mit dem Halleluja-Zwerg schon per Du seid..."

Üpä wurde zusehends „zermischt", wie man damals sagte. Eines Tages zitierte er seinen Sohn ans Bett: „Du weißt, ich stehe dir kritiklos gegenüber. Aber ich frage dich, weshalb du das Schloss Stein für Stein abtragen lässt, nur um es in Erfurt wieder aufzubauen?" Dadi, ganz Soldat, kannte natürlich das Merkblatt zur Behandlung Betrunkener. Wichtigster Punkt: nur nicht widersprechen. Und so erklärte er seinem Vater aus dem Stegreif die unerhörten steuerlichen Vorteile eines Standortswechsels und Üpä war zufrieden.

Als Lieblingsenkel war ich mir meiner Verantwortung bewusst und besuchte ihn als Achtjähriger regelmäßig. Ich erinnere mich noch lebhaft, wie schrecklich ich es fand, meinen geliebten Großvater immer weniger werden zu sehen.

Dorett, die das Leiden auch kaum ertrug, ging eines Tages zu meinen Eltern und sagte: „Die jungen Herrschaften senn ja zu gude Leud, aber im Dörf secht mer, bei die Bauern wär nachts scho längst amal a Fenster offn gabliehm." Zu Deutsch: Die Jungen Herrschaften sind einfach zu gut. Im Dorf sagt man, bei den Bauern wäre längst schon einmal nachts ein Fenster offen geblieben." Das galt als probates Mittel, um eine Lungenentzündung zu provozieren...

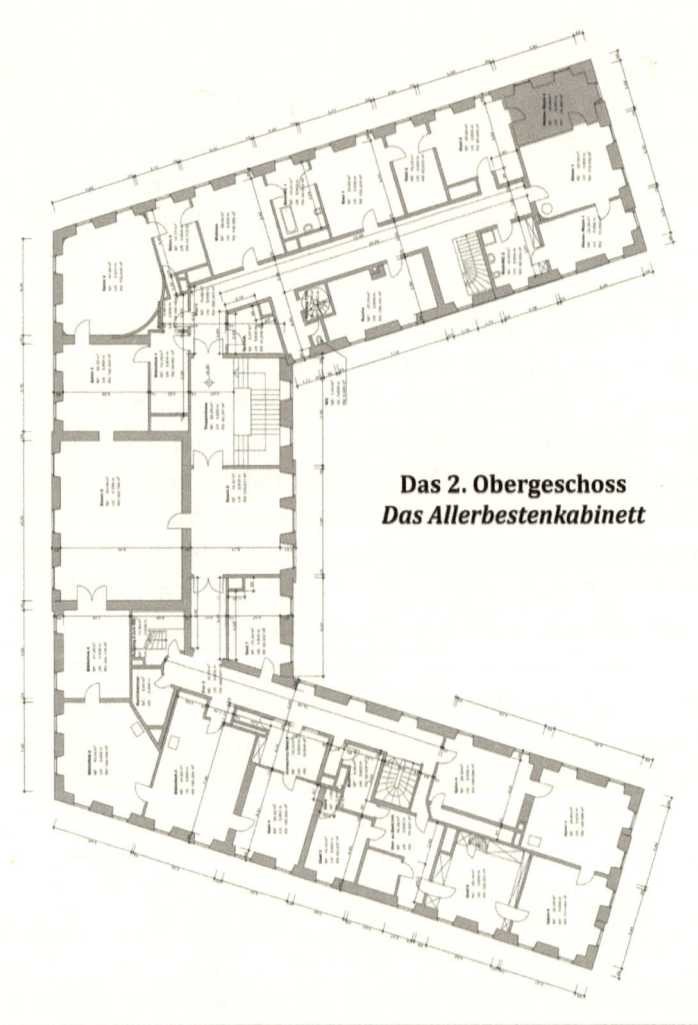

Das 2. Obergeschoss
Das Allerbestenkabinett

Das Allerbestenkabinett
Kotzsalat, eine Ohrfeige und die Verdienste um Sanitäres

Wir befinden uns bereits im Obergeschoss und beginnen in der Süd-West Ecke, im sogenannten Allerbestenkabinett. Aus einem einfachen sowie einleuchtendem Grund: Ich erblickte dort das Licht der Welt. Als einziger meiner Geschwister wurde ich nicht in der Frauenklinik in Bamberg geboren, sondern Zuhause. Warum? Damals galt zahlreicher Nachwuchs zwar grundsätzlich als Segen, aber eben auch als Schande, nach dem Motto: „Nix annersch hammsa in'n Kopf".

Bei Mudda kam hinzu, dass sie trotz der nahen Geschwisterfolge immer wieder Fehlgeburten erlitt. Sie war der Worte der Nonnen einfach überdrüssig, die in Bamberg beim Abschied immer salbungsvoll meinten: „Naja, Frau Baronin, bald sehn mer uns ja wieder." Just vor meiner Geburt beschloss sie, nicht mehr als Stammgast zurückzukehren. Ich sollte in Rentweinsdorf mit Hilfe der „Hebamm" auf die Welt kommen. Mudda - nie um eine Umdeutung der Realität verlegen - behauptete später, Dadi habe sie nicht nach Bamberg gefahren, „weil euer Vada sich in München auf dem Fasching amüsiert hat." Laut Dadi handelte es sich jedoch um eine Sitzung des Waldbesitzerverbandes.

Nun, das Allerbestenkabinett wurde zum Kreißsaal umfunktioniert und die „Hebamm" bügelte gerade die Babywäsche, auf dass sie keimfrei werde, als die Presswehen einsetzten. Offenbar mit derartiger Vehemenz, dass sich die Geburtshelferin veranlasst sah, dies folgendermaßen zu kommentieren: „Rein gehd's leichdä." Die folgenden Fehl- und Normalgeburten fanden daraufhin wieder in Bamberg statt.

Das Allerbestenkabinett hieß natürlich nicht so, sondern eigentlich Arabeskenkabinett. Von den orientalischen Ornamenten ließ sich aber keine Spur mehr finden. Bei uns gab es zu jener Zeit ein Teegeschirr mit Goldrand und grünem Mäander-Muster. Darin erkannte ich klar die Arabesken. Manchmal nutzen wir das Allerbestenkabinett auch als Esszimmer, zum Beispiel an Weihnachten. In den Zeiten als Thia noch ein Baby war, wurde Heiligabend das serviert, was Schweizer Hörnli-Salat nennen. Wir hassten das Zeug, das aus Mixed Pickles, Nudeln und Mayonnaise bestand und nannten es Kotzsalat.

Später richtete Mutter hier unser Kinderschlafzimmer ein. Ein etwas unheimlicher Ort für uns, weil oft ein Kauz in der Nähe schrie und sich die Lichter der Autos, die den Kaulberg herunterkamen, an der Zimmerdecke reflektierten. Badda erfand damals das Spiel, bei dem er als unser Schutzengel über uns wachte. Er stellte sich ans Kopfende von Nanes oder meinem Bett, wedelte mit den Armen quasi segnend über uns, während er die magischen Worte „Hüti, Hüti" sprach. Unbedarfte Leser könnten annehmen, es habe sich um eine harmlose Angelegenheit gehandelt. Für mich war es das ganz und gar nicht. Ich hatte maßlosen Schiss vor meinem Schutzengel.

Seinerzeit hasste ich das weiß gestrichene Bett, in dem ich schlief. Damit ich nicht rausfiel, war es mit „Moschndrohtzaun" bespannt. Eine Sache, die später zu einiger Berühmtheit avancierte. Zu diesem Zeitpunkt aber bedeutete es kein Entrinnen. Ein Umstand, den sich Nane und Badda zu Nutze machten, indem sie mir während des Mittagsschlafs eine große Wurscht ins Bett legten. Aller Protest meinerseits blieb ungehört, ich schlief weiter darin, bis mir eines Abends eingemachte Pflaumen den Magen verdarben. Am nächsten Morgen kostete es das Mädchen Stunden, bis sie die ausgespuckten Pflaumenhäute aus dem Maschendrahtzaun gepopelt hatte. Mir stellten sie nun ein „Paidi"-Bett hin, bei dem die beiden mittleren Stäbe entfernt wurden. Für mich bedeutete das eine echte Befreiung.

Später verwandelte sich das Allerbestenkabinett wieder in ein Esszimmer - und zwar unter der Ägide von Fräulein Jung. Sie wurde eingestellt, um Mutter zu entlasten, wobei man sich unwillkürlich fragt, wovon denn eigentlich? Dazu aber später mehr. Unsere Mutter lag seinerzeit häufig im Krankenhaus. Ihre Abwesenheit nutze Fräulein Jung dazu, ein Auge auf unseren Vater zu werfen. Ich hielt das Unterfangen für aussichtslos, denn sie war unsympathisch, alt und hässlich, will aber nicht verhehlen, dass wir aus ihren Buhlversuchen einen gewissen Vorteil zogen.

Plötzlich kochte man richtig leckeres Essen, besonders der Nachtisch hatte es in sich. Thia war Fräulein Jungs Liebling, den Rest behandelte sie eher schlecht. Ja, sie schlug uns sogar. Als Dadi nach Mutters Genesung mit ihr eine Reise unternahm, ermahnte er Fräulein Jung, uns nicht zu schlagen. Sie tat es dennoch, drohte mit noch schärferen Strafen, sollten wir davon berichten. Als die Eltern zurückkehrten, quäkte ich beim Abendessen im Beisein von Fräulein Jung, sie habe uns aber doch verprügelt. Daraufhin entließ sie Dadi fristlos. Viel später erzählte er mir, dass dies der Moment gewesen sei, als er zum ersten Mal dachte, aus mir könne doch noch etwas werden.

Wir haben von unseren Eltern fast nie Schläge bezogen. Mutter berichtete einmal, sie habe sich mit einem Glas Schnaps Mut antrinken müssen, weil sie es sonst nicht über sich gebracht hätte, Badda eine „verdiente" Ohrfeige zu geben. Dadi, nachdem ich ihn bis zur Weißglut provoziert hatte, verfolgte mich mit einem Holzscheit in der Hand. Und als er mich nicht erwischte, warf er mir das Ding in den Rücken. Ich habe meinen Sohn David einmal mit Füßen traktiert, nachdem auch er mich bis zur Weißglut provoziert hatte. Weder Dadi noch ich sind darauf jemals stolz gewesen.

Im Allerbestenkabinett holte ich mir meine einzige „verdiente" Ohrfeige ab, ausgerechnet von Ümä. Ich Pechvogel musste zu jener Zeit zwei Sommerferien nacheinander wegen irgendwelcher obskuren Krankheiten im Bett liegen. Das findet ein 15-Jähriger nicht komisch. Und wenn es im darauffolgenden Jahr nochmal passiert, erst recht nicht. An jenem Nachmittag sollte Frau Doktor Stark vorbeischauen, um festzustellen, dass ich wieder gesund sei. Sie erschien aber nicht.

Und so beschloss ich eigenmächtig, gesund zu sein und ging zu meinen Freunden im Dorf. Als Frau Stark um vier Uhr nachmittags schließlich doch im Schloss ankam, war der Patient verschwunden. Dadi wurde ausgesandt, mich wieder einzufangen, was eine leichte Aufgabe war. Er wusste schließlich, wo ich mich normalerweise herumtrieb. Ich wurde erneut ins Bett gesteckt, und zitterte immer noch vor Zorn, als abends Ümä auftauchte, wohl um mich zu trösten. Ich aber wollte ums Verrecken keinen Trost. Ich stand aufrecht auf meinem Bett und schleuderte Verwünschungen gegen meine Mutter in den Raum, die ich mit Recht hinter der Sauerei vermutete. „Blöde Sau" zählte wohl noch zu den harmloseren Ausbrüchen. Ümä war klein, ich maß damals sicher schon 1,75 Meter plus die etwa 20 cm des Bettes, auf dem ich stand. Meine schon über 80-jährige Großmutter sah mich an, sprang mit einem Satz hoch und verpasste mir eine Ohrfeige, die ich mein ganzes Leben lang nicht vergessen werde: Sie kam vollkommen unerwartet, war perfekt platziert und rechtmäßig verdient.

Noch ein Wort zur Frage, wovon Mudda entlastet werden sollte. Es war natürlich nicht so, dass sie den ganzen Tag herumsaß und nichts tat. In den 50er- und 60er-Jahren lag auf ihr die Last der Renovierung des Schlosses.

Bis das Haus nach der Beendigung des rotenhanschen Kondominats nach dem Krieg in den Privatbesitz Üpäs überging, gehörte das Bauwerk der Gesamtfamilie. Drinnen wohnte allerdings nur der Familien Majoratsherr mit Frau, Kindern und Bediensteten. Verständlich, dass die Mitherren am Ende des Jahres lieber klingende Münze einsackten, als diese in der Sanierung des Familiensitzes verschwinden zu sehen. Tatsächlich wurde seit 1750, der Beendigung der Baumaßnahmen, nichts mehr investiert, will man von der Ersetzung kaputter Fensterscheiben einmal absehen. Gleich nach dem Krieg war natürlich kein Geld für Reparaturen da und so war das Haus, in dem wir wohnten, in unserer Jugend eine ständige Baustelle. Klos und Bäder wurden eingebaut, die Kamine wurden saniert, und all die prachtvollen stuckverzierten Zimmer wurden endlich wieder in den Zustand versetzt, wie sie ursprünglich waren. Dann kam die Renovierung der Fassaden, was zu der eingangs erzählten Episode mit der Wildsau in der Schlosswirtschaft führte.

Das alles war für eine junge Hausfrau mit fünf Kindern ohne Frage eine Belastung, zumal von ihr erwartet wurde, dass sie darüber hinaus eine charmante und gastfreie Schlossherrin zu sein hatte.

Wir Kinder sahen das natürlich überhaupt nicht so, denn gekocht hat Frau Schorn, geputzt haben die Mädchen und gemalert und gemauert haben die dazu berufenen Handwerker. Wenn wir gefragt worden wären, was denn unsere Mutter so den lieben langen Tag mache, hätten wir wahrscheinlich keine Antwort gewusst. „Sie fährt mit dem Auto nach Bamberg", vielleicht wäre uns das eingefallen.

Was die erwähnten Klos anbelangt, meinte Dadi immer, er werde als Gottfried der Klosettbauer in die Familiengeschichte eingehen. Im Schloss gab es nur wenige, in den Arbeiterwohnungen nur veraltete sanitäre Einrichtungen und die rotenhanschen Wirtshäuser begnügten sich durchwegs mit Plumpsklos. Da hatte er ein weites Feld der Betätigung und es verwunderte uns nicht im Geringsten, dass, wo auch immer er eine Ruine, römische Ausgrabungen oder eine mittelalterliche Burg besichtigte, zunächst die Scheißhausfrage geklärt werden musste. Sein Großvater war als Gottfried der Wegebauer verewigt, weil er den rotenhanschen Wald mit einem für die damalige Zeit fortschrittlichen und engen Wegenetz überspannte. Mit Recht hielt Dadi seine Verdienste für ebenbürtig.

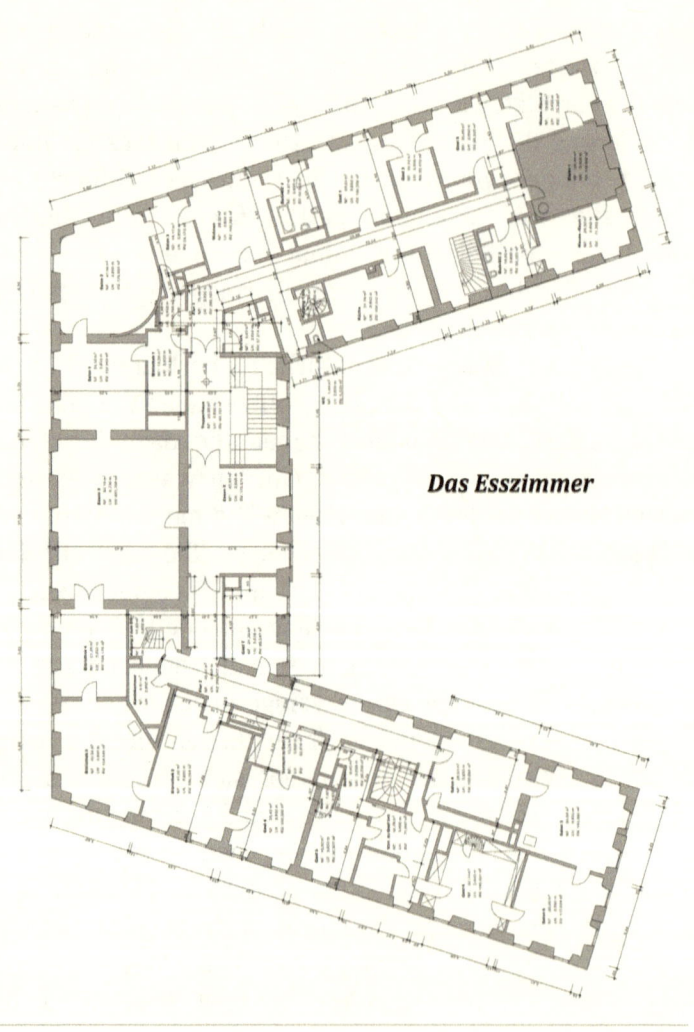

Das Esszimmer

Das Esszimmer

Die schreckliche Krankheit und das Spaghetti-Diadem

Die beiden Fenster im Esszimmer geben den Blick hinüber zur Kirche frei. Über dem Spiegel zwischen den Fenstern und über den drei Türen finden wir wieder „Supraporten". Im konkreten Fall handelt es sich um nackte Engelchen, die die vier Jahreszeiten symbolisieren. Im Winter scharen sich die Nackedeis um ein kleines Feuer. Ich fand das als Kind albern, denn wir liefen im Winter schließlich auch nicht unbekleidet herum. Heutzutage würde man die Gipsabgüsse im Baumarkt kaufen. Selbst zur Zeit des Schlossbaus fielen sie schon in die Kategorie „Massenware". Während unserer Kindheit hingen an der Wand zum Allerbestenkabinett die beiden Schlosserbauer, das heißt unsere Ur-Ur-Ur-Urgroßeltern. Hier erkannte Manna die Reifrockdame wieder. Der Schlosserbauer, Johann Friedrich, trägt auf dem Bild einen Harnisch und darüber einen Hermelin. Als Direktor der Reichsritterschaft war er qua Amt den Reichsfürsten im Rang gleichgestellt und durfte daher den ihnen vorbehaltenen Hermelinpelz tragen.

Unsere Eltern legten größten Wert darauf, dass alle drei Hauptmahlzeiten unter Anwesenheit aller im Esszimmer eingenommen wurden. Sie konnten gar nicht genug betonen, welch große Bedeutung gemeinsames Speisen hätte. Alle sind anwesend und hören, was geredet wird. Das mag im Moment belanglos erscheinen, aber in diesem Fall macht wirklich die Summe die Expertise.

Zum Frühstück aßen wir durchgehend Brötchen, die ich lange Jahre allmorgendlich beim Wills Beck am Kaulberg holte, nicht kaufte. Dadi lieferte Mehl und einmal im Monat bekam der Bäcker den Backlohn. Damals existierte noch eine Zufahrt zum Schlosshof aus Richtung Bamberg. Wenn ich zum Semmelholen die Straße überquerte, standen vor der Auffahrt all diejenigen, die mit ihren Fahrrädern zur Mittelschule nach Ebern fuhren. Unter ihnen befanden sich der Elfleins Addu und der Elfleins Wolfgang. Übrigens kleideten sich früher alle Mittelschüler bis in den hohen November hinein mit kurzen Hosen.

Beim Wills Beck roch es nach ofenfrischem Brot und Brötchen. Manchmal hatte er zusätzlich Brezen im Angebot. Für weiteren Schnickschnack fanden sich offenbar keine Abnehmer. Kurios am Rande ist in diesem Zusammenhang, dass wir Schüler einmal im Jahr beim Wills Beck auf dessen Mehlwaage gewogen wurden – immer wenn der Schularzt kam.

Nicht zu vergessen ist, dass wir zum Frühstück stets Butter und Marmelade bekamen, nie aber Käse oder gar Wurst. Die Kinder tranken Kakao, später Caro-Kaffee und mussten, bevor sie die Tasse zum Mund führten, „Darf ich bitte trinken?" fragen. Mudda sah dies als notwendig an, um zu verhindern, dass wir kleckerten.

Im Winter genoss Mudda von ihrem Platz aus wegen des fehlenden Laubes einen wunderbaren Blick auf die Kirchturmuhr. Sie achtete darauf, uns stets um fünf vor acht hinüber in die Schule zu schicken. Zu diesem Zeitpunkt befanden wir uns aber meistens schon auf dem Weg, denn pünktlich wie der Frühzug aus Bamberg entlud sich um zehn vor acht der obligatorische Frühstücksfurz, das einzig wahre Zeichen zum Aufbruch. Auch ihre Enkelkinder durften diesem Phänomen später noch beiwohnen, da hieß es aber schon etwas vornehmer „die schreckliche Krankheit".

Zum Frühstück gehörte zudem das „präventive Hauen". Dadi verkündete, besonders wenn uns in den Ferien Freunde oder Verwandte besuchten, die das Spiel noch nicht kannten, dass alle Kinder von ihm den Hosenboden versohlt bekämen, dann aber, da sie die Strafe bereits erhalten hätten, den ganzen Tag über tun und lassen könnten, was sie wollten.

Wir legten uns hingebungsvoll über seine Knie und er tat so, als schlüge er uns auf den Po. Die Neulinge trauten dem Frieden nicht. Manchmal flossen sogar Tränen, denn wer lässt sich gerne freiwillig übers Knie legen? In diesem Fall wurden die Tränen abgewischt und auf die Haue verzichtet. Alle gemeinsam machten wir dann den lieben langen Tag, wonach uns der Sinn stand. Einzige Ausnahme: Zu den Mahlzeiten, mussten wir pünktlich erscheinen. Mittagessen gab es um Punkt zwölf. Das heißt, uns blieben nur dreieinhalb Stunden Unterricht in der Schule, denn eine halbe Stunde hatten wir Pause.

Beim Essen erfand Dadi für uns und alle Anwesenden charakterisierende Namen. An meinen erinnere ich mich noch: Hans Aff von Papagei aus dem Hause Schweinestall.

Was wir damals aßen, würde in heutigen Zeiten als bewusste Ernährung positiv wahrgenommen werden. Denn das Essen war im besten Sinne regional. Solange die Familie noch eine Gärtnerei betrieb, kam alles Gemüse von dort her. In der Erdbeerzeit wurden ganze Mahlzeiten in die Reihen der Pflanzen verlegt. Es war wichtig, möglichst eine Reihe neben Dadi zu bekommen, denn der war farbenblind. Es gab dann wie bei Ümä „Speise zwei", denn der Arme konnte die roten Erdbeeren nicht von den grünen Blättern unterscheiden.

Fleischgerichte bestanden aus Wild, weil das nichts kostete. Dadi, der in amerikanischer Gefangenschaft in der Lager-Uni die Anatomie der Haustiere studiert hatte, zerlegte das dampfende Fleisch im Esszimmer. Zu dieser Prozedur gehörte es, dass er, wenn wir das Tischgebet sprachen, fromm Tranchiermesser und -gabel kreuzte. Meist hatte die Köchin bis zur Unkenntlichkeit durchgebratenes Reh zubereitet, seltener Wildschwein.

Gab es Hase oder Ente, freute es uns Kinder, wenn wir in unserem Stück „Schrödn" fanden. Diesen kleinen Bleikugeln hatten zwischen Jagd und Zubereitung ausreichend Zeit in der Tiefkühltruhe und im Backrohr, um ihr Gift wirksam zu entfalten.

Nach der Hausschlachtung standen geselchte Koteletts mit Sauerkraut und Kartoffeln auf dem Speiseplan. Ich erinnere mich nicht daran, dass wir jemals Rindfleisch gegessen hätten. Eine Ausnahme bildete Dadi, der jahrelang von Mutter auf eine eher wirkungslose Diät aus Steak und Salat gesetzt worden war. Ansonsten fallen mir viele, verschiedene Aufläufe ein. Keine kulinarischen Highlights, aber mir schmeckten sie ausgezeichnet. Als ich 1973 mit meinem Vetter Schorsch in einem klapprigen VW Bus die Sahara durchquerte und kurz vor dem Abnibbeln stand, träumte ich von einem heimischen Nudelauflauf.

Später, als Frau Schorn schon nicht mehr in der Küche wirkte, versuchte sich unsere Mutter ab und an im Kochen. Ihr Enkel Caspar titulierte sie aus gutem Grund als die größte Lebensmittel-Vernichterin Mitteleuropas. Wenn ich bemerkte, dass sie um zehn Uhr einen tiefgefrorenen Kubus Seehecht in eine Form legte und zwei Konserven Tomaten darüber goss, bevor sie das Ganze in die Röhre steckte, pflegte ich mich schnell in Richtung Thüngen zu verabschieden. Dort kam ich per Autostopp gegen zwölf Uhr an, und wurde erfreulicherweise stets mit großem Hallo empfangen. Die Thüngener wussten um die Kochkünste der „Bitschuck", wie Mudda dort genannt wurde.

Zum Nachtisch gab es Obst der jeweiligen Jahreszeit, sonst Äpfel aus dem Keller, auch eingemachte Kirschen oder Pflaumen. Kernobst liebten wir sehr, weil man anhand der auf dem Teller übrig gebliebenen Kerne feststellen konnte, weshalb man eines Tages heiraten würde:

„Der Erste tat's für die Dukaten,
„Der Zweite für ein schön' Gesicht,
„Der Dritte weil die Freunde raten,

„Der Vierte weil Mama so spricht.
„Der Fünfte ist nicht gern allein,
„Der Sechste denkt, `s muss einmal sein,
„Der Siebte und Achte, die sind so dumm,
„Die wissen selber nicht warum,
„Der Neunte tut's aus Mitleidstriebe,
„Der Zehnte erst aus wahrer Liebe."

Zu besonderen Anlässen wurde etwas, was die Bezeichnung Erdbeereis trug, aufgetischt. Es schmeckte aber viel besser. Während der Saison verarbeitete das Küchenpersonal Erdbeeren in Masse. Erst im „Multimix" gequirlt, danach eingefroren. Wenn es galt, dies zu Eis zu verarbeiten, wurde einer der Beutel aus der Kühltruhe geholt. Sobald der Inhalt halbwegs aufgetaut war, wurde Schlagsahne darunter gemischt, – und fertig war das zugegebenermaßen etwas flüssige Eis. Damit wir nicht zu viel nehmen konnten, wurden zum Nachtisch die Nymphenburger Teller mit Gitterrand gedeckt. Von diesen Tellern existierten nur zwölf. In der warmen Jahreszeit, wenn die Mahlzeiten in den Oberen Saal verlegt wurden, saßen mitunter über zwanzig Menschen am Tisch. Es mussten notgedrungen normale Dessertteller gedeckt werden. Für uns lautete die Ansage dann, dass jeder nur zwei Schöpflöffel nehmen dürfe.

An einem dieser Sommertage erzählte Dadi die Geschichte eines pflichtbewussten Preußen, der sein Leben dem Motto „der Mensch muss sich beherrschen können" geweiht hatte. Dieser Preuße hegte den Wunsch, einmal nach Rom zu reisen, wobei er die letzte Strecke zu Fuß zurücklegen wollte. Nach seiner Pensionierung setzte er sich „auf" die Bahn und fuhr tatsächlich nach Italien. Als er dann wahrhaftig zu Fuß auf den Hügeln nördlich der Ewigen Stadt ankam, blickte er hinunter auf die Kuppel von Sankt Peter, auf die Schleife des Tibers mit seinen Brücken, erahnte das Forum Romanum, seufzte tief auf und sprach die Worte, "Der Mensch muss sich beherrschen können", drehte sich um und trat die Heimreise an.

Ich fand die Geschichte eher doof, aber offenbar hinterließ sie Eindruck bei meinem Vetter Schorsch, der des Sommers zu Besuch bei uns war. Am folgenden Tag gab es Erdbeereis in „richtigen" Tellern und die Parole lautete wieder: „Für jeden nur zwei Schöpflöffel". Damals wurde das Essen noch aufgetragen, und als die Schüssel dem Schorsch von links gereicht wurde, nahm er erst zwei Löffel, dann ganz seelenruhig einen dritten. Als er den vierten auf seinen Teller bugsierte und wir schon laut protestieren wollten, ließ er den Löffel in die Schüssel zurück sinken und sagte resignierend: „Der Mensch muss sich beherrschen können." Dadi zeigte sich begeistert und meinte, Schorsch dürfe nun während der ganzen Sommerferien drei Löffel Nachtisch nehmen.

Für uns war Abendessen mit Abstand die beste Mahlzeit des Tages. Brotzeit war angesagt. Und die bestand aus Brot, Aufschnitt, Käse, Quark, und sehr beliebt, Zungenwurst, alles gekauft. Als kleinere Kinder mussten wir natürlich zeitlich vor den Eltern essen. Dann gab es meistens Lilablassblau, Grießbrei mit hineingerührtem Heidelbeerkompott. Kulinarisch waren wir nicht verwöhnt und deshalb hat Thia vollkommen Recht, als er neulich sagte, dass wir uns im Paradies wähnten, als wir nach Schondorf ins Internat kamen. Wir liebten das dortige Essen, während unsere Kameraden nur daran rummäkelten.

Der Weihnachtstee am Heiligen Abend fand traditionell im Esszimmer statt. In der Mitte des Tisches stand das Adventskarussell, einziges Überbleibsel der Ära Fräulein Jung. Zum Tee wurde selbstgebackener Stollen gereicht. Ich gebe zu: Der war schlicht unschlagbar. Gemäß des Familienvokabulars handelte es sich um „Flüsterstollen" im Gegensatz zum „Schreistollen" aus Thüngen. Der Unterschied lässt sich leicht erklären. Bei unserem Stollen konnten sich Orangeat, Zitronat und Rosinen im Flüsterton unterhalten, in Thüngen aber hätten sie schreien müssen.

Nach dem Genuss des Stollens verließ Dadi das Zimmer,

um den Weihnachtsbaum anzuzünden. Währenddessen sangen wir „der Jünge nach" Weihnachtslieder. Jedes Familienmitglied durfte sich vom Jüngsten bis zum Ältesten je ein Lied wünschen, das dann gemeinsam gesungen wurde. Konsens bestand bei „Tochter Zion". Um diese Melodie zu bitten galt als gemein, weil es sich um Ümäs Lieblingslied handelte, und sie erst als Letzte an der Reihe war.

Endlich erklang das Glöckchen. Wir liefen aufgeregt im nicht beleuchteten Gang einer einzigen Kerze hinterher und sangen „Ich steh an deiner Krippen hier". Wie sich diese Geschichte weiterentwickelt, sehen wir in der „Rundeneckstube".

Nach der bereits erwähnten Reise der Eltern, sie führte nach Italien, standen manchmal Spaghetti auf dem Speiseplan, die für uns stets ein Grund zum Feiern waren. Auf dem Tisch lag in diesen Fällen keine Tischdecke und wir durften so unanständig essen, wie wir wollten. Davon angespornt, entwickelten sich ausufernde Exzesse im Esszimmer. Wir formten Wollknäuel, aßen mit den Händen oder Mudda legte sich ein Diadem aus Spaghetti ins Haar. In einem dieser Momente öffnete sich die Tür und der Baron Waldenfels, ein Bekannter unserer Eltern, er war angeblich Millionär, betrat das Esszimmer. Mudda flüchtete ins benachbarte Bügelzimmer, während sich Dadi in Erklärungen erging. Ich schob dem Herrn mit den Worten „Sie sollen ja auch nicht leben wie ein Hund" meinen Teller zu, der aussah wie ein Schlachtfeld. Der freundliche Herr lehnte dankend ab, schenkte mir aber hernach fünf Mark, Beweis genug, dass er tatsächlich ein Millionär sein musste.

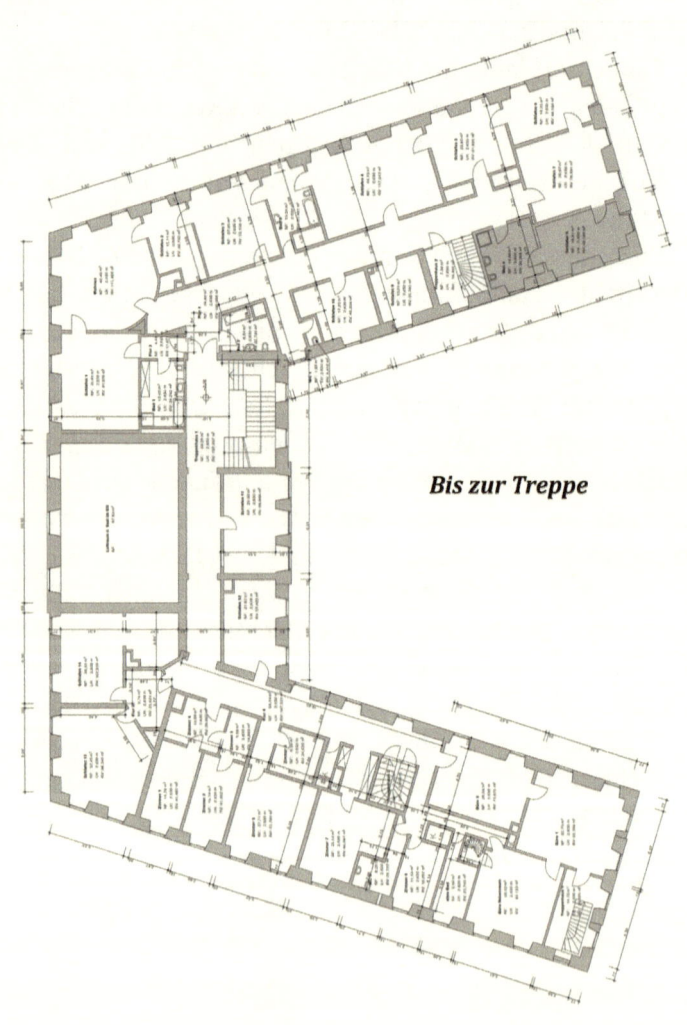

Bis zur Treppe

Bis zur Treppe
Kinderkrankheiten, die Erziehung zum Schwein und das böse Tier

Mudda floh also mit dem Spaghetti-Diadem auf dem Kopf nach nebenan ins Bügelzimmer, dort wo sich für kurze Zeit unser Schlafzimmer befand. Das Ambiente dominierte seiner Zeit eine Tapete mit gelben, blauen und roten Punkten. Dies wäre der Erwähnung vielleicht nicht wert, hätten diese bunten, runden Kreise nicht so manchen von uns während sich hinziehender Krankheitsphasen begleitet und prächtig unterhalten.

Heutzutage langweilen sich Kinder weniger, weil um sie herum viel passiert. Wenn sie krank darniederliegen, lesen sie auf dem elterlichen iPad, wollen wir mal hoffen, in Grimms Märchen. Wir haben gar nichts geschmökert, wir konnten ja noch nicht lesen, manchmal wurde uns vorgelesen, aber meistens war uns im Krankenbett „fad", wie die Österreicher sagen. Ein Zustand, der hoch zu preisen ist, denn nur wenn Kinder sich langweilen, bemühen sie ihre Fantasie. So feierten so manches Mal die bunten Punkte auf der Tapete Hochzeit. Oder wie aus dem Nichts bildeten sich aus den kahlen Ästen der Bäume vor dem Schloss Titanen, die Engel bedrohten. Welche schrecklich aufregenden Kämpfe haben sich doch in den Stuckfiguren und in unseren Köpfen ereignet, während wir mit Fieber im Bett lagen. Dadi kam immer an unser Krankenbett um „spaßhalber" zu erfragen, ob wir die „Greng" oder die „Freggn" hätten. Glücklicherweise blieb es immer bei der Greng, einer normalen Krankheit und nicht einer solchen, die zu Tod, zum Verrecken, führt.

In späteren Jahren wurde diese Stube in ein Bügelzimmer verwandelt. Für uns Kinder hieß es nun, diesen Platz zu meiden. Wir spielten dort nicht mehr, ich denke, es war sogar verboten, dies zu tun. Mit dem Kinderbad nebenan hielt damals Modernität im Schloss Einzug. Zwar war das neue Badezimmer letztlich nicht von einem Schlachthaus oder einer Brauerei zu unterscheiden, weil es fast bis zur Deckenkante gekachelt war und in der Mitte einen Wasserablauf hatte, aber nun denn. Über der Wanne hing ein Boiler, aus dem auf Knopfdruck jeden Abend heißes Wasser floss. Das bedeutete für uns allabendlich ein Bad.

Üpä machte in dieser Zeit unserer Mutter zum Vorwurf, sie erzöge uns zu Schweinen. Er war der Meinung, dass ein Mensch, der sich nicht mit einem Liter Wasser aus einer Waschschüssel von oben bis unten reinigen könne, ein Schwein sei. Wir wurden damals zum Einweichen in die Wanne gelegt, um mit Seife und kratzigem Waschlappen abgerubbelt zu werden – fertig. Normalerweise machten das die Mädchen, aber manchmal badete uns auch unsere Mutter und noch „manchmaler" half ihr dabei eine ihrer Schwestern. Als Tante Jula einmal zur Hilfe gerufen wurde, warnte Mudda sie, Badda leide am Schweißfuß. Woraufhin dieser nur brummte: „Leiden tu ich darunter gar nicht."

Ich erinnere noch gut vier riesige Holzkisten, die auf dem kleinen Gang standen, der zur Treppe führt. In diesen Kästen wurde das Brennmaterial für die Kachelöfen gelagert. Lorenz Schulz, „der Lenzer", Üpäs Kutscher, der auch als Herr über das Brennholz fungierte, stapelte die Scheite gegenüber der alten Brauerei in drei Schuppen. Diese bestanden aus Latten, damit der Wind das Holz trockne. Wenn in den Kisten nichts mehr übrig war, fuhr ein Leiterwagen mit Holzscheiten auf den Schlosshof und ein Arbeiter musste die Scheite in einem Korb auf dem Rücken hochtragen und in die Kästen schichten. Ich sehe Dadi noch vor meinem geistigen Auge, als er uns beim Mittagessen vorrechnete, wie unwirtschaftlich

Kachelöfen seien, und welchen Vorteil die Ölheizung künftig bringen würde. Mag ja alles sein - aber frieren lernten wir erst mit der modernen Version. Die neue Ölheizung funktionierte immer dann nicht, wenn der Winter besonders hart war. Einmal mussten die Zuleitungen auf dem Dachboden nachts bei bitterer Kälte flott gemacht werden. Der Hochs Karl, der sonst im Gutshof arbeitete, wurde gebeten, die frierenden Fachleute wenigstens mit Schnaps zu versorgen. Und wie er so mit seiner Zwetschgenwasserflasche herumstand, tropften diese philosophischen Worte von seinen Lippen: „Es gedd hald nix über'n Summer".

Wenigstens einen Anlass zu einer ernsten Ehetrübung meiner Eltern gaben die Holzkisten: Wir spielten „Wir wolln einmal spazieren gehen, ob wir das böse Tier nicht sehn." Mudda bekam die Rolle des bösen Tiers und musste sich verstecken, um dann, kurz bevor wir das furchterregende Biest entdecken würden, mit Gebrüll aus ihrem Versteck hervorzuspringen. Sie versteckte sich in einer der Holzkisten, und als Dadi den Deckel auf der Suche nach dem bösen Tier hob, reckte sie den Kopf hoch und schrie los. Dadi erschreckte sich und ließ den Deckel los, der sehr schmerzhaft auf ihrem Kopf landete.

Es half nichts. Mudda bestand darauf, dass er die Klappe sogar mit großer Wucht zugehauen habe. Sie war felsenfest davon überzeugt, das sei „Absicht gewesen" und „da könne man ja mal sehen". Ich könnte mir vorstellen, dass der Leser meinen Eindruck teilt: Bei dieser Eskalation handelte es sich nur um den Kulminationspunkt eines sowieso bereits schwelenden Ehestreites.

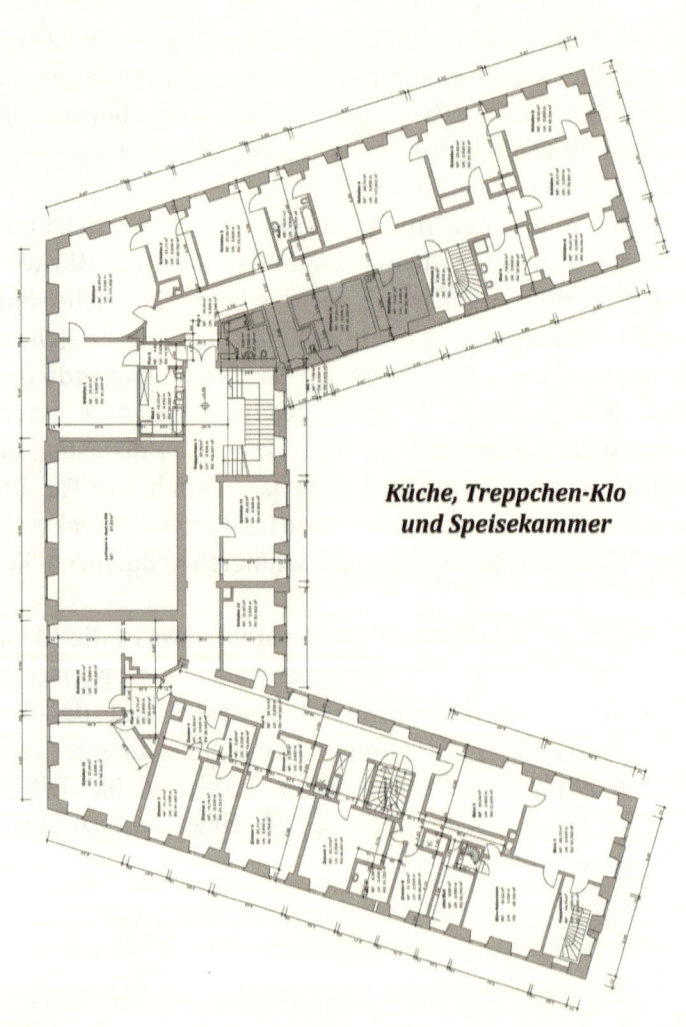

Küche, Treppchen-Klo und Speisekammer

Küche, Treppchen-Klo und Speisekammer

Mälzer, Bierkutscher und die „willa Hitz"

In der Küche dudelte tagein, tagaus ein Radioapparat, wo wir mit äußerster Spannung zusammen mit den Mädchen der Schlagerparade des Bayerischen Rundfunks lauschten. Den Wochenhit auswendig zu können, war Pflicht. „Einen Rrring mid zwei bludroden Steinen...." sang Lullus fehlerfrei, noch ehe er richtig sprechen konnte.
Natürlich aßen wir in der Küche nur, wenn die Eltern nicht anwesend waren. Wie wir das genossen! Die Mahlzeiten landeten direkt vom Herd heiß auf unseren Tellern und sogar während des Tischgebets dudelte „der" Radio weiter. Die Eltern benutzten selbst dann das Esszimmer, wenn sie allein zu Tisch saßen. Manchmal, wenn Dadi auf Reisen war, überkam Mudda Lust auf Bauchspeck mit Sauerkraut. Ausschließlich dieses Gericht nahm sie in der Küche zu sich. Bei sperrangelweit geöffneten Fenstern, denn sie hasste Essensgeruch im Haus.
Lange Jahre sorgte Frau Schorn für uns. Fränkische Hausmannskost stand auf ihrem Speiseplan und ich denke, dass sie es besser hätte zubereiten können, wenn man sie nur gelassen hätte. Mudda interessierte sich nicht fürs Essen. Es wurde das gekocht, was in der Gärtnerei wuchs. Ganz oben auf der Rezept-Liste befanden sich allerdings süße Aufläufe und Pfannkuchen. Klar, das war billig. Frau Schorn, die Schorns Mári, war die Mutter vom Mälzer Adolf Schorn.

Frau Schorn und Gerlinde Bergner, verh. Schneider

Schon ihr Vater übte beim Urgroßvater den gleichen Beruf aus. Besonders von ihm, aber auch von ihren drei Ehemännern wusste sie Geschichten zu erzählen, die es wert sind, dass sie nicht vergessen werden.

Ihre erste Geschichte begann so: Also, mei Vadder, des war fei a Schlagg..."

Dieser „poussierte" beim Kirchweihtanz ein Mädchen, und als es ihm in der Folge mitteilte, sie erwarte ein Kind von ihm, meinte er, diesen Schicksalsschlag würden beide nicht überleben. Als Lösung schlug er vor, sich in der Baunach zu ertränken. Bei Nacht und Nebel gingen die beiden in den Fluss....

„Mei Vadder aber had könn schwümm." und entstieg auf der gegenüberliegenden Seite den Fluten. Das versteht man also unter einem Schlagg!

Als jemand die Mädchenleiche fand, wurde die Sache ruchbar und die Polizei machte bald den Anstifter zum Selbstmord ausfindig. Am Ende des Verfahrens wurde „Vadder" zu einer Gefängnisstrafe verurteilt. Urgroßvater Gottfried schäumte, denn der Mann war schließlich sein bester Mälzer. Deshalb setzte er nun all seinen Einfluss ein, um den Schlagg zurückzubekommen. Ihm gelang es tatsächlich, dass der Freiheitsentzug dergestalt abgesessen wurde, dass der Mälzer Schorn die Zeit arbeitend unter der Aufsicht seines für ihn bürgenden Arbeitgebers verbüßte.

Eine weitere Geschichte ereignete sich, als meine Mutter Frau Schorn beauftragte, auf dem Markt in Ebern die Produkte der rotenhanschen Gärtnerei zu Geld zu machen. Anderntags erkundigte sich Mudda, wie es denn so gelaufen sei, vor allen Dingen, ob die übrigen Händler die neue Konkurrenz einfach so akzeptiert hätten? Die pragmatische Frau erklärte ihr, dass sie ihren Stand gleich neben dem Gärtner aus Eyrichshof aufgebaut hätte, „weil des is sozusochn mei Bruder." „Ihr Bruder?" „Noja, den hat mei Vadda amol nabenaus gamacht."
Ihr erster Mann verdiente sein Geld als Bierkutscher. Ein echter Traumberuf, denn die beiden Kollegen mussten nur „nauszus" halbwegs bei Bewusstsein sein, den Heimweg fanden die Pferde mit den volltrunkenen Männern auf dem Bock allein. Zuhause angekommen, hatte er laut Frau Schorn „a dolla Ahgewohnheid: „Da hadder immer nein Küchnschubber gabrunst. Ich hab des Zeuch direkt amal raus müss buds". Dem Gatten war eine seltsame Angewohnheit zu eigen: Er pflegte beim Nachhause kommen in die Schublade des Küchentischs zu pinkeln. „Irgendwann musste ich da mal richtig putzen".

Reinemachen zählte zu den wesentlichen Aufgaben „der Schorna". Bevor sie allmorgendlich mit der Vorbereitung der Speisen begann, putzte sie unsere Bäder. Wenn man zufällig auf dem Klo saß, und sie kam mit ihrem „Vileda"-Lappen herein, putzte sie demjenigen zuerst mit diesem Tuch den Popo ab, spülte ihn etwas aus und verteilte dann die enthaltenen Kolibakterien gleichmäßig auf die Kacheln und das Waschbecken. Auch als ich erwachsen wurde, blieb ich bei ihr der Hans. Sie begründete dies wie folgt. „Hans, zu dir soch ned Herr Baron. Dein Oasch hab ich ofd genuch abgebudsd".

Arbeitsbeginn war für Frau Schorn vor dem Frühstück. Ständig brachte sie irgendwelche Tartaren-Meldungen á la „Frau Baron, hammsa denn des scho g´hörd..." mit. Nach diesem Einführungssatz berichtete sie in der Regel von Selbstmorden, Familientragödien sowie den vielseitigen Abgründen des Menschlichen, so dass Mudda eines Tages verbot, Nachrichten vor ihrer ersten Tasse Kaffee zu verkünden. Es half jedoch absolut nichts. „Frau Baron, hammsa denn des scho ghörd, der Grustschoff is gstürzd". Mutter zeigte sich ob des geringen Wahrgehalts dieser Story erleichtert. So ein Quatsch konnte schließlich gar nicht wahr sein. Mittags brachte Dadi die Süddeutschen Zeitung nach oben. Sie titelte an diesem Tag: „Putsch gegen Chruschtschow."

In jener Zeit wurde im Winter auf dem Hof noch Schnaps gebrannt, aus Korn und aus Zwetschgen. Unsere Köchin hob von Letzterem gern „a Gläsla". Weil im Haushalt keine speziellen Flaschen existierten, war es normal, dass der Schnaps in Limo-Flaschen abgefüllt wurde. Eines Tage füllte ich Wasser in eine solche, klebte ein Papier drauf, auf dem SCHNAPS stand und stellte die Flasche auf den Eisschrank. Lange dauerte es nicht, bis Frau Schorn mich sehr ernsthaft zur Rede stellte: So etwas mache man nicht, so ärgere man alte Menschen nicht. Ich hatte sie ernsthaft gekränkt, sie fühlte sich erwischt und lächerlich gemacht. Woher wusste sie, dass ich der Missetäter war?

Selbstredend galt Frau Schorn im Dorf als wichtige Persönlichkeit, weil sie stets das Neueste aus dem Schloss wusste. Heutzutage interessiert das wahrscheinlich niemanden mehr, aber zu dieser Zeit war „der Rotenhan" noch eine Größe im Dorf. Fast alle, die nicht als selbstständige Bauern tätig waren oder in Ebern beim Kufi schafften, arbeiteten „bei'n Rodnhon". Als Mudda mit Lullus schwanger ging, nein, falsch, sie war nie schwanger, sie erwartete ein Kind. Also: Als Mudda Lullus erwartete, beschloss sie, die gute Mär diesmal nicht via Frau Schorn ins Dorf tragen zu lassen. Diese erfuhr davon auf der Straße. Ihre Bedeutung stürzte ins Bodenlose und ihr trauriger Kommentar zu Mudda lautete: „Frau Baron, des häddn sa mir fei ned a derf du".

Die Küche bestand ursprünglich aus zwei Zimmern. Man sieht noch, wo die Tür ausgehängt worden war. Daneben, unter dem Bogen, stand der mit Holz befeuerte Herd. Er besaß noch Ringe, die sich herausnehmen ließen, um den Boden der Pfanne direkt den Flammen auszusetzen. Natürlich war da auch eine Backröhre, auch ein Wasserbad. Aus dem wurde geschöpft um die Suppe zu verlängern, wenn kurz vor dem Essen unangemeldet Gäste auftauchten. Frau Schorn stand oft mit hochrotem Kopf vor dem Monstrum und klagte über die „willa Hitz". „Mach halt's Fenster auf", schoss mir dazu regelmäßig durch den Kopf. Woher sollte ich auch wissen, was die „wilde Hitze" ist?

Wie auch in anderen Haushalten fungierte die Küche als wichtiges Kommunikationszentrum. Wer dort ein und aus ging, bekam mit, was im Haus passierte. Schaute er zudem aus dem Fenster, verpasste er nichts von dem, was auf dem Schlosshof vor sich ging. Als Winzlinge standen wir häufig auf einem Hocker und beugten uns hinaus. Beide Eltern verboten das zwar nicht direkt, aber: „wenn Ihr runterfallt, seid ihr tot und bekommt zudem noch eine Tracht Prügel".

Ähnliches wurde uns angedroht, wenn wir vom Park aus in den Hutsee fallen würden, von dem es hieß, er bestehe aus 20 Zentimeter Wasser und einem Meter Schlamm. „Wenn ihr da reinfallt, versinkt ihr im Morast, erstickt und bekommt noch eine Tracht Prügel". Wie gehabt. Offenbar zeigte die Drohung Wirkung, denn niemand von uns ist je aus dem Fenster gefallen noch im Schlamm des Hutsees erstickt.

Anders als im Nordflügel, wo der Gang an der südlichen Außenmauer entlangläuft, befindet sich im Südflügel der Gang in der Mitte, rechts und links schließen sich Zimmer an. Jeweils zwei Lichtschächte erhellen die Gänge, einer am Treppenaufgang und der andere, am letzten Fenster, bevor die Abzweigung zum Mitteltrakt kommt. Dort befindet sich die Garderobe, aber, wichtiger noch, der Zugang zum Treppchen-Klo. Ich nehme an, um Gefälle zu gewinnen, damit das „Zeug" wirklich abging, stellte der Klempner die Kloschüssel auf ein hölzernes Podest, zu dem zwei Stufen hinaufführten. Daher der Name Treppchen-Klo.

Man konnte durch ein Fenster hinaus in die Garderobe schauen, und wenn sich dort am Waschbecken jemand die Hände wusch, führte es zu durchaus putzigen Begegnungen. Leider existiert es nicht mehr. Das hölzerne Podest, unter dem wer oder was auch immer moderte, gereichte dem aktuellen Anspruch an Hygiene nicht mehr. Offenbar sind heute Techniken Standard, die bei geringem Gefälle garantieren, dass der Mist restlos weggespült wird. Schade ist es dennoch um diese einmalige Einrichtung.

Neben der Tür zum Treppchen-Klo befindet sich der Zugang, der in den Dachboden hinaufführt. Dort lagerten in unserer Kindheit Putzmittel, wobei der angedeutete Plural ein Euphemismus ist, denn als Reinigungsmittel gehörten lediglich Ata, Besen, Schrubber und ein Putzlappen.

Im Eck, mit Fenster zum Treppenhaus, aber Tür zum Gang liegt die Speisekammer. Dort fanden wir manchmal zu Ostern einen vergessenen Christstollen. Zu einem Auflauf weiterverarbeitet, schmeckte er mit Vanillesoße erstaunlich gut. Hier stand die Kühltruhe, in der Mudda, wenn sie welches hatte, Bargeld versteckte. Außerdem warteten Rücken und Keulen vom Reh darauf, gegessen zu werden. Dadi war, im Gegensatz zur gesamten Verwandtschaft ein nur widerwilliger Jäger. Nur wenn Mudda sagte „schieß ein Reh, die Kühltruhe ist leer" setzte sich Dadi gehorsam auf den Hochsitz. Die jagdbegeisterte Verwandtschaft aber war entsetzt, denn Jagd hat bekanntlich nichts mit Nahrungsbeschaffung zu tun. Das „edle Weidwerk" ist Weihehandlung.

In der Speisekammer spielten sich meine ersten literarischen Versuche ab. Ich hatte eine Geschichte verfasst, bei der es um eine Mausefamilie ging. Die Mausedame hatte sich am Käse überfressen, bekam einen dicken Bauch und folgerichtig bald darauf Mäusekinder. Später schrieb ich noch einen Krimi mit dem reißerischen Titel: „Die Pferde durften sitzen". Dabei ging es um einen Pferdediebstahl, wobei zum Abtransport der Tiere ein Omnibus benutzt wurde. Als Titel hielt die imaginäre Überschrift aus dem Polizeibericht her.

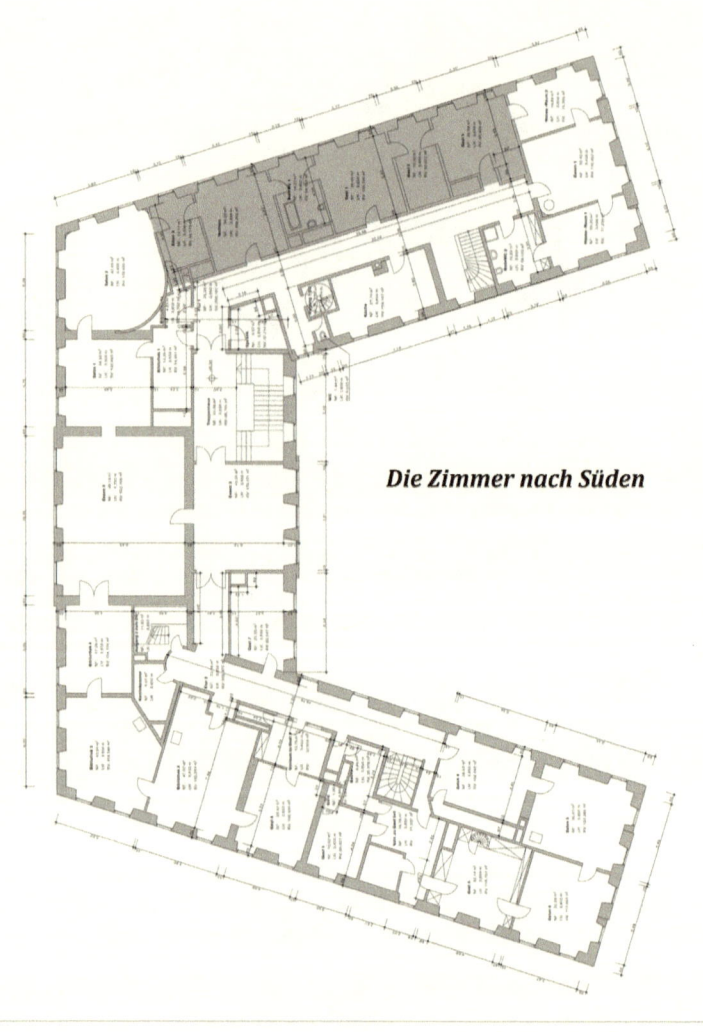

Die Zimmer nach Süden

Die Zimmer nach Süden
Das pralle Leben

Wer genau hinschaut, bemerkt, dass sich im Obergeschoss in Richtung Süden stets ein Zimmer mit einem Fenster an ein weiteres mit zweien reiht. Im „Fuchsbau" und Elternbad sieht man bis heute, wo das Bett mit Baldachin ursprünglich stand. Es handelt sich um insgesamt drei Suiten, in denen im 18. Jahrhundert Hausgäste wohnten. Die Familie selbst lebte im Nordflügel. Außenstehende verstehen das nur, wenn sie sich in Erinnerung rufen, dass die Wasserspülung zu jener Zeit noch nicht erfunden war. Aber für Gäste war der Südflügel gut genug. In unserer Kindheit existierte die moderne Form der Fäkalienbeseitigung bereits, allerdings waren Flachspüler im Gegensatz zu den heute üblichen Tiefspülern verbreitet. Die technische Besonderheit der Flachspüler provozierte den folgenden Spruch von Frau Schorn zu Beginn der Sommerferien: „Des mergd mer gleich wenn die Buhm wieder do senn: do schmeggd des Zeuch in die Aborddn so ah."

Beginnen wir mit dem Kinderzimmer neben dem Allerbestenkabinett. Hier lag ein grüner Teppich, der von drei weißen Strichen gesäumt war. Eine ideale Straße, auf der wir mit unseren „Wicking"-Autos herumfuhren, dass es eine wahre Pracht war. Die Firma „Wicking" produzierte sehr genaue Plastikmodelle deutscher Kraftfahrzeuge. Sie hatten nur einen Nachteil: Sie waren nicht trittfest. Zu meinem

Fuhrpark zählte ein LKW-Zug mit einem „Krupp"-Lastwagen und einem überlangen, dreiachsigen Anhänger, bei dem sich die zwei hinteren Achsen unabhängig voneinander bewegten - ein Traum! Stundenlang konnten Thia und ich auf diesem Teppich „Straße" spielen. Später gehörten auch „Matchbox"-Autos zu unseren Schätzen. Die hießen so, weil sie in eine etwas größere Streichholzschachtel passten. Die Marke produzierte ausschließlich englische Autos, ein Markt, in dem wir uns zunächst nicht auskannten. Weil sie aus Metall gefertigt waren, hielten sie viel mehr aus. In späteren Jahren gab es sogar „Matchbox"-Autos mit Federung. Spätestens nach dieser Entdeckung konnten die Modelle von „Wicking" nicht mehr mithalten.

Für uns Auto-Verrückte war der grüne Teppich mit den drei weißen Strichen am Rand essentieller Bestandteil der Kinderzimmer-Möblierung. Mudda war sich darüber jedoch nicht im Klaren. Eines Tages, als wir aus der Schule nach Hause kamen, fuhr uns ein gehöriger Schreck in die Glieder: Der grüne Teppich war weg, ersetzt durch einen sicherlich schöneren, neueren und flauschigeren. Aber die Nachteile lagen für uns auf der Hand: keine Straße mehr dafür viel Flausch und Flor, in dem die Räder unserer Spielzeugautos stecken blieben. Mudda teilte weder unseren Zorn noch unsere Traurigkeit. Eine Katastrophe.

Wenn wir nicht mit unseren Autos spielten, fertigten wir Häuser aus „Lego"-Bausteinen. Als Unternehmer dieser Branche besaß ich zwei riesige Kisten voller bunter „Legos". Einmal baute Dadi sogar eine Kathedrale. Ich war sehr stolz auf ihn.

Zum Kinderbereich gehörte auch ein kleines Ankleidezimmer, wo wir als ganz anfangs schliefen. Daran schlossen sich die Elternschlafstube und dahinter ihr Bad an. Als allabendliches Ritual stieg Ümä die Treppe zu uns hinauf und las uns vor. Ihre Auswahl der Lektüre war abenteuerlich gemixt. Wir liebten zum Beispiel Pearl S. Bucks

„Der kleine Pea". Ein Buch, das uns China ganz nahe brachte. Unser Wissen erstreckte sich auf Fenster aus Papier über verkleinerte Mädchenfüße bis hin zu Tangulurs. Letztere sind auf Späne gesteckte getrocknete Feigen. Die Schriftstellerin Buck verlieh diesen Feigen durch einen Schokoladenüberzug zusätzliche Attraktivität.

Angeregt durch neu erworbenes Wissen wurde Kucka von Ümä beauftragt, diese Spezialität herzustellen, leider allerdings ohne Schokoladenüberzug. Wir aßen die Dinger im Bett hockend, während Ümä die Geschichten vortrug. Wenn wir klagten, im Buch hätten die Tangulurs aber einen Schokoladenüberzug sagte Ümä immer: "Erstens habt ihr schon die Zähne geputzt und zweitens will ich es mir mit eurer Mutter nicht verscherzen." Schokoflecken auf unseren blütenweißen Leintüchern, das hätte Mudda nicht komisch gefunden.

Natürlich las sie uns ebenso aus Märchenbüchern oder der Kinderbibel vor, aber ein ganz großer Teil dessen, dem wir aufmerksam lauschten, handelte vom ersten Weltkrieg. Ich glaube, „U 101" oder so ähnlich hieß eines dieser Traktate. Dort erklärte der Kommandant, ein Herr von Spiegel, wie sie feindliche Frachtschiffe versenkten. Einmal beobachtete er durch sein Sehrohr, wie sich die Spur eines Torpedos einem Frachter näherte, auf dem Pferde in Ställen standen. „Dass diese prachtvollen Tiere sterben mussten, bedauerte ich zutiefst" lautete sein Kommentar – und wir litten mit. Doch schon damals fiel mir auf, dass da wohl auch Menschen ertrunken sein mussten. Die hingegen erwähnte er nicht.

Einige Jahre später fand Ümä im Adelsblatt eine Anzeige, die bekannt gab, dass der Kapitän zur See a.D. von Spiegel den 80. Geburtstag feierte. Aus diesem Anlass schrieb ich ihm in feinstem Sütterlin eine Gratulationskarte, um ihm zu berichten, dass unsere Großmutter uns sein Buch vorgelesen habe. Er schien das für durchaus normal zu halten, denn er dankte für meinen Gruß und schickte ein Buch mit: „Wir jagen deutsche U-Boote", verfasst von einem Captain Campell.

Ümä liest vor

Der Inhalt dieses Romans lässt sich in etwa so zusammenfassen: Campell befand sich auf einem als Frachter getarnten Kriegsschiff. Erst als das deutsche U-Boot ganz nah dran war, ließ man die Tarnung verschwinden, hisste die britische Kriegsflagge und kaperte oder versenkte so reihenweise feindliche U-Boote und Frachter. Die Matrosen setzte Kapitän Campell auf Rettungsbooten auf hoher See aus und dampfte davon. Sehr viel menschenfreundlicher war das auch nicht.

Wir hörten noch vielen ähnlichen Geschichten zu, in denen der Krieg stets als großes Abenteuer beschrieben wurde. Während wir mit offenem Mund im Bett saßen, lauschten wir und ließen uns indoktrinieren. Dazu muss man sagen, dass Ümä wirklich noch aus einer anderen Welt stammte. Und die war natürlich alles andere als politisch korrekt. Beispielhaft für ihre Art zu denken war folgende kleine Episode: Als ich einmal die Schale einer Banane ableckte, meinte Ümä, ich solle das besser unterlassen, denn „du weißt ja nicht, was für ein Neger die Banane schon in der Hand hatte."

In diesem Zimmer besuchte uns auch der „Niggelaus". Ich habe daran nur schemenhafte Erinnerungen, weil das Ereignis immer nur durch den Türspalt vom Kinder-Anziehzimmer aus verfolgen konnte, wohin ich stets in panischer Angst floh. Es ging halt rau zu. Die folgende Episode habe ich aber glücklicherweise nicht persönlich miterlebt:

Als der Beckn Martin, der alte Förster Elflein, in die Rolle des Nikolaus' schlüpfte, schleppte er einen Sack auf dem Rücken, aus dem ein ausgestopfter Strumpf herausschaute. Dies sollte das Bein eines im Sack steckenden Übeltäters darstellen. Der Beckn Martin schubste das Bein seines Gefangenen derart hin und her, dass es aussah, als bewege sich dieser. Schließlich drosch er mit der Rute auf den Sack ein und schimpfte „Ruhsda, Fregger!" Nane nahm die Vorstellung so sehr mit, dass sie im Anschluss sogar ärztlich behandelt werden musste. Von diesem Tag an, veränderte sich der Nikolaus. Fortan fielen uns seine Hände auf, die denen unseres Vaters auffallend ähnlich sahen. Der Zweifel und die Angst blieben dennoch unsere Begleiter.

Damals hieß Dadi bei uns noch Vater. Als Thia anfing, sprechen zu lernen, deuteten wir auf Mutter und fragten, wie die wohl hieße. „Mudda" lautete seine Antwort. Als wir uns Vater zuwandten, nannte er ihn: „Dadi". Von Stund an hieß er nur noch so.

Die Kinder-Ankleide diente auch als Lullus' Babyzimmer. Wurde er gestillt, durften wir dabei bleiben, was mich noch im Nachhinein ziemlich verwundert. Meinen Erziehungsmethoden ist es zu verdanken, dass er mit beiden Zeigefingern gleichzeitig in der Nase popelte, sobald Ümä auftauchte. Er brachte es zu wahrer Virtuosität, wenn es darum ging, auf seinem Töpfchen durch das Zimmer zu rutschen. Eines schönen Tages brach der Keramik-Nachttopf unter seinem Reiter entzwei und Lullus Pobacke wies danach einen tiefen und langen Schnitt auf. Eigentlich ein Grund, die Wunde nähen zu lassen. Doch nichts geschah. So trug er eine große und überstehende Narbe „wilden Fleisches" davon. Ob er dieses besondere Kennzeichen noch immer aufweist, wäre einer Nachforschung auf dem nächsten Familientreffen würdig.

Wie schon angedeutet, wechselte bei uns die Nutzung der Zimmer öfter. Nach Baddas Geburt, wohnte Mudda, die Wöchnerin, im Zimmer gegenüber der Küche. Sie zog sich damals auf der linken Brust eine Milchdrüsenentzündung zu und musste das Bett hüten. Kaum war die Linke kuriert, ging es rechts los. Üpä hörte davon und war des Mitleids voll. Er eilte mit schweren Schritten den Gang entlang, blieb - ganz Kavalier - vor der Tür stehen und teilte seiner Schwiegertochter sein Bedauern mit. Aufrichtig tröstend, schob er nach. „Sei froh, eine Sau hat 14 Zitzen." Von Mutter weiß ich, dass so eine Milchdrüsenentzündung ausgesprochen schmerzhaft ist. Und ebenfalls von ihr habe

Mudda raucht

ich gehört, dass gleichzeitiges Lachen, noch mehr weh tut.
Die Stube zwischen Fuchsbau und Elternbad, war zwischendurch auch Elternschlafzimmer. Das ging hin und her. Später wurde hier das sogenannte erste Wohnzimmer eingerichtet. Nur das Elternbad blieb stets, was es war. Heute ist das eine hochvornehme, hochtechnische Angelegenheit. Damals befand sich rechts eine Badewanne auf Löwenfüssen, links das Klo und dazwischen hing das Waschbecken. Alles umgeben von feinstem Stuck, der jedes Mal, wenn sich jemand abduschte, in Mitleidenschaft gezogen wurde. Um ihn zu schonen, lagen die Wasserleitungen über demselben. Denkmalsschützer fanden, es handele sich um das schönste und vornehmste Bad zwischen Coburg und Aschaffenburg. Sie schüttelten allerdings bedenklich den Kopf, wenn sie daran dachten, wie das Wasser dem Stuck zusetzte. Duschkabinen existierten damals noch nicht.

In der Stube gegenüber der Küche stand lange Jahre ein Klavier. Nane sollte darauf üben. In späteren Jahren nahm auch Mudda Klavierstunden und übte dort. Dadi meinte immer, seine stahlharte Gesundheit läge in dieser Zeit gegründet. Er hätte es vorgezogen, trotz Grippe aufzustehen, statt sich zu den Klängen des Tastenspiels seiner Frau auszukurieren.

Mudda zeigte sich im Winter krankheitsanfälliger, lag häufiger im Bett danieder. Dadi behauptete, sie bettete sich alljährlich anmutig unter dem Weihnachtsbaum. Ich liebte es, wenn sie bettlägerig war, sie war dann präsenter. Sie konnte uns nicht entwischen. Nicht nur wir liebten es, auch ihr bereitete es einen Heidenspaß, uns Geschichten zu erzählen. Meistens drehten sich die Geschichten um den Thüngener Sommerbetrieb, wenn alle unzähligen Geschwister vom Groga, unserem Großvater, mit ihren Kindern ins Thüngener Schloss strömten, um ihre Ferien dort zu verbringen.

Wie gebannt hing ich zu diesen Gelegenheiten an ihren Lippen, bemerkte aber bald, dass es beim Erzählen nicht um einen hohen Wahrheitsgehalt geht. Gelungene Geschichten wandeln sich, gehen flüchtige Verbindungen mit anderen ein, um plötzlich zu einem unerwarteten neuen Leben zu erwachen. Wir hörten andächtig und amüsiert zu, hatten diese vergangene Welt wirklich vor Augen. Zu Muddas Qualitäten zählte es, eine begnadete Geschichtenerzählerin mit geradezu professionellem Gespür für Spannung und „Timing" zu sein. Oft hat man sie gebeten, ihre Anekdoten aufzuschreiben. Sie war stets klug genug zu antworten: „Ich kann Geschichten erzählen, aber ich bin keine Schriftstellerin."

Eines Tages war Mudda plötzlich weg. Sie sei zur Beobachtung in Erlangen in der Universitätsklinik, wurde uns mitgeteilt. Es stand an, herauszufinden, weshalb sie immer wieder krank wurde, an Erschöpfung litt und warum sie irgendwie nicht sie selbst war. Sie wurde von oben und von unten durchgecheckt, alle nur möglichen Körpersäfte abgezapft, sie wurde abgeklopft und durchleuchtet, stets mit demselben Ergebnis: Die Patientin ist kerngesund.

Mudda selbst erzählte das Geschehen oft so: „Schließlich kam der Professor, setze sich an mein Bett, nahm meine Hände in die seinen und fragte: ‚Frau Baronin, was fehlt ihnen denn?' Da hab ich heulen müssn, und ihm gesacht: ‚immer wenn mein Mann seine Hose an mein Bett hängt, kriech ich n Kind'. Da hat der Professor grad naus gelacht, und ich hab schließlich auch lachn müssn und am nächstn Tach wurde ich endlassn."

Ein erstaunliches Beispiel von Sprachlosigkeit. Um die Atmosphäre dieser Jahre besser zu verstehen, hole ich ein wenig aus. Die kleine Groga, unsere Thüngener Großmutter, hatte nach ihrer Hochzeit ihre „Bonne", das Kindermädchen, nach Thüngen mitgenommen, die Sellie. Die zweite Bonne in diesem Schloss-Report. Auch sie stammte aus der Schweiz, konkret aus Genf. Sie war Calvinistin und im Gegensatz zu ihrer Rentweinsdorfer Kollegin dem, was das Leben bietet, weitaus weniger zugetan. Sie erzog die Kinder, bis nach ihrem Tod die schon erwähnte Manna an ihre Stelle trat. Von

Sellie stammt die Körperfeindlichkeit, die sich besonders bei unserer Mutter, aber zum Teil auch bei ihren Schwestern bemerkbar machte. Kein Wunder, dass es für unsere Mutter schrecklich war, dass der menschliche Körper durchaus auch Funktionen hat, die sich auch im Tierreich beobachten lassen. Ganz besonders zuwider war es Mudda, dass ihr Körper dazu missbraucht wurde, Nachkommen auszubrüten. All dies umgab die familienübliche Wolke von Sprachlosigkeit. Die kleine Groga sprach das Thema erstmals am Tag der Hochzeit unserer Eltern an. Das passierte auf der Wendeltreppe in Thüngen auf dem Weg zum Auto, das das Brautpaar in die Flitterwochen bringen sollte. Wie gesagt: Zuvor war nie auch nur eine Silbe über dieses Thema fallengelassen worden. Alles Geschlechtliche war tabu. Nicht nur, dass es niemand erwähnte, man hatte dafür einfach keine Worte, wie sich im obigen Gespräch mit dem „Professer" leicht erkennen lässt. Selbst meine eloquente Mutter musste auf den Wortschatz zurückgreifen, den sie außerhalb der Familie aufgeschnappt hatte.

Wir machen uns heute keinen Begriff mehr davon, welcher Leidensdruck auf vielen Frauen lastete. Die Unausweichlichkeit bedrohte das Leben und die Existenz. Abtreibungen mit ihren Folgen gehörten zur Tagesordnung, zerrüttete Ehen sowieso. Einmal wollte Mudda anlässlich der Geburt eines ihrer Kinder mit dem Arzt in der Bamberger Klinik über eine Unterbindung sprechen. Der hatte aber nicht mehr zu bieten als: „„Wo Gott bringt ein Häschen, da sorgt er auch fürs Gräschen". „Ums Gräschen dreht sich's aber nicht", rief die Patientin verzweifelt aus. Auf Verständnis durfte sie nicht hoffen.

Im Vorfeld dieser Arbeit habe ich lange überlegt, ob ich diese zweifellos intimen Details der Ehe unserer Eltern behandeln darf. Geht das irgendjemanden etwas an? Grundsätzlich gehen diese Dinge niemanden etwas an, dennoch erwähne ich sie. Ich finde es wichtig, daran zu erinnern, wie sehr Frauen vor der Erfindung der Empfängnisverhütung litten. Zumal Prävention in der Ehe von medizinischer Seite aus nicht vorgesehen war. Frauen waren Gebärmaschinen und die Sache schien ausweglos. So kam auch niemand auf die Idee, sie könnten permanent, kollektiv und legal der Vergewaltigung ausgesetzt sein.

Menschen, die unsere Mutter näher kannten, sind davon überzeugt, dass der wahre Grund für ihr Engagement im pietistischen Marburger Kreis der gewesen ist, dass Arthur Richter, der „spiritus rector" der Bewegung, ihr eines Tages sagte, dass es nicht unchristlich sei, sich sterilisieren zu lassen. Das, bitteschön, war für sie die Freiheit eines Christenmenschen.

Den Nachruf für ihre Beerdigung schrieb Mutter selbst, wen wundert's? Darin machte sie überaus deutlich, dass sie ihre Kinder sehr geliebt habe, aber dass diese beileibe nicht der Mittelpunkt ihrer Interessen und Lebensplanung gewesen seien. Die Trauergemeinde nahm es mit wissendem Lächeln zur Kenntnis.

Aber zurück zum „Professer". Der entließ sie nicht einfach aus dem Krankenhaus, sondern riet in einem Gespräch auf gepackten Koffern zu einer Auszeit. „Fahren Sie mit einer Verwandten oder Freundin nach Italien". Schnell stellte sich heraus, dass weder Verwandte noch Freundinnen Zeit hatten, mit ihr nach Italien zu reisen. Man bedenke, wir reden von den 50er Jahren. Sie berichtete dem „Professer" am Telefon, nur ihr Mann sei bereit mitzukommen. Ich nehme an, dass der Arzt angesichts solcher Naivität erstmal eine Pause machte, um sich Luft zuzufächeln. Schließlich bellte er in den Hörer: „Schicken Sie sofort ihren Mann zu mir nach Erlangen!" Der fuhr tatsächlich hin und wurde dort von der medizinischen Ehrfurchtsperson auf die Knabentoilette gebeten. Dadi war damals noch keine 40 Jahre alt, als er einen gehörigen Anschiss erlebte für etwas, was er als das Natürlichste von der Welt ansah. Er gehörte noch zu der Generation Männer, die, wie unzählige Generationen zuvor, über dieses Thema nicht allzu viel nachdachten. Kinder kamen eben, das war unausweichlich.

Wie dem auch sei, nachdem er ein Enthaltsamkeitsgelübde abgelegt hatte, schickte ihn der Professor nach Hause und beide fuhren nach Italien. Zurück kamen sie, ohne dass Mudda schwanger war, pardon, ein Kind erwartete. Aber sie brachten das Rezept für Spaghetti nach Rentweinsdorf, das unser Leben in den folgenden Jahren so ungemein bereicherte.

Nicht nur der Mediziner fragt sich, ob die Herrschaften jemals von Geburtenkontrolle oder Empfängnisverhütung gehört hatten? Eher weniger. Die Pille eroberte den Markt erst in den Sechzigern und ich denke, es wird noch Jahre gedauert haben, bis sich in Franken ein Gynäkologe fand, der diese „einfach so" verschrieben hätte. Und alternative Verhütungsmittel? In einer sehr harten Diskussion viele Jahre später meinte Dadi an deren Ende, mit Kondomen habe man doch nicht seine Ehefrau belästigen können.

Wir Kinder bemerkten diese für unsere Mutter durchaus existenziellen Belastungen nicht. Ich denke, wir waren einfach noch zu klein. Badda, der ein sehr inniges Verhältnis zu ihr pflegte, nahm sie manchmal wortlos an die Hand. Mudda erwähnte am Ende ihres Lebens mehrmals, wie gut ihr dieses wortlose Verstehen getan hätte. Wir anderen waren mit uns selbst beschäftigt und genossen es lediglich, dass „Freuln" Jung unseren Vater mit fulminanten Dessert-Kreationen zu bezirzen versuchte.

Später, als das Elternschlafzimmer ins erste Wohnzimmer verwandelt wurde, fanden hier die heißesten Diskussionen unter uns Geschwistern statt. 1968 war noch nicht lange vorbei und wer auf sich hielt und jung war, orientierte sich politisch links. Das taten alle, außer Badda. Er war nicht rechts, er war staatstragend. Für Thia und mich war das fast noch schlimmer. Der Staat stellte für Thia und mich keinen sakrosankten Ist-Zustand dar. Wir konnten uns durchaus vorstellen, alles ganz anders zu organisieren. Wobei Thia gedanklich erheblich mutiger war als ich, zumal ich mich mit allem Theoretischen stets schwer getan habe. Wir Geschwister bekriegten uns bei vielen Bocksbeuteln verbal bis aufs Messer. Unsere Eltern berichteten in späteren Jahren, sie hätten sich „unter vorbildlicher Schonung der Kissen" im Bett Sorgen gemacht, nur um beim Frühstück am nächsten Morgen festzustellen, dass ihre zerstrittenen Söhne längst wieder „frère et cochon" waren. Hinter all dem stand selbstverständlich auch die Angst der Eltern, wir linke Finsterlinge könnten auf die Idee kommen, nicht zu verzichten, wie es die Tradition verlangte und noch immer verlangt.

Das ist eine Sache, die sich wie ein roter Faden durch unsere Jugend zog. Dadi machte uns schon früh klar, dass „das Zeug" einer von uns Buben wohlgemerkt erben werde. Der Geeignetste, fügte er hinzu. Die anderen, die „weichenden Erben", so sei das Sitte in adeligen Familien, müssten auf ihren Pflichtteil verzichten. Denn nur so könne der Betrieb erhalten werden, der nur in einer Hand genug Gewinn erwirtschafte, um das Schloss zu erhalten. Bald war uns Geschwistern klar, dass der Geeignetste Badda sein würde. Dennoch war es für Dadi eine Hängepartie; bis der Letzte von uns notariell auf sein Erbteil verzichtet hatte, zumal er, ehe das passierte, bereits an Badda übergeben hatte. Besonders Thia und ich machten ihm Sorgen, weil wir uns ja so schrecklich links orientierten. Da er nicht verstand, was uns bewegte, misstraute er uns in puncto „Verzicht" besonders. Da hätte er sich viele Sorgen sparen können, denn weder bei Thia noch bei mir stand Rentweinsdorf jemals auf der Agenda unserer Lebensplanung.

In einem dieser Zimmer, deren Verwendung ständig wechselte, fanden auch die Gespräche zu der Vergangenheit unserer Eltern statt, präziser, was sie während der Nazi-Zeit gemacht hatten. Als Badda und ich 1965 zu einem Ferienaustausch nach Guildford in England reisten, sagte Mutter vor dem Abflug wörtlich: „Wascht euch und sprayt

euch unter den Armen. Die Engländer sind der Auffassung "Germans smell". Und wenn ihr gefragt werdet, was eure Eltern im Krieg gemacht haben, antwortet ihr: Unser Vater war Soldat und unsere Mutter noch in der Schule."
Das war auch ansonsten die offizielle Sprachregelung. In ihrem selbstverfassten Nachruf berichtete Mutter, sie sei in Thüngen Nazi gewesen und im Internat Widerständlerin. Dadi ging in seinen Erklärungen insofern weiter, als er mir erzählte, sein Vater habe ihn für „politisch unzuverlässig" gehalten. Wie bereits erwähnt, war Üpä Monarchist, der von den Nazis von Anfang an absolut nichts hielt. Sie waren schlicht degoutant.

Dadi war 1933 sechzehn Jahre alt und selbstredend vom Zeitgeist beeinflusst. Besonders vor Ausbruch des Krieges fand er sicherlich nicht alles schlecht, was die Nazis machten. Das war der Grund, weshalb Üpä seinen Sohn für „politisch unzuverlässig" hielt. Wir haben schon gehört, dass in konservativen Kreisen der Weimarer Republik die Nazis als Linkspartei angesehen wurden. Üpä hatte mit seinem Sohn ein ähnliches Problem wie dieser später mit Thia und mir.

Über Holocaust und Judenvernichtung habe ich mit Dadi jedoch nie gesprochen. Ich saß damals der Mär auf, dass die Wehrmacht eine unpolitische Truppe gewesen sei. Interessant ist in dem Zusammenhang zudem, dass das Verhältnis zwischen Dadi und dem alten Karl Theodor Guttenberg angespannt war, weil Letzterer in britischer Gefangenschaft beim Soldatensender Calais mitgearbeitet hatte. Diese britische Radiostation tat so, als sei sie deutsch, wurde aber vom britischen Geheimdienst geführt und verbreitete gezielt Halbwahrheiten, um die Moral der deutschen Truppen zu zersetzen. Dadi hatte den Sender nie gehört, er befand sich damals in den USA in Kriegsgefangenschaft, wusste daher nichts aus erster Hand. Er meinte, der Sender habe zur Desertation aufgerufen, was ja gar nicht stimmen kann, weil damit die Maskerade aufgeflogen wäre. Man sieht auch hier, hätten die beiden offen miteinander geredet, hätten sie das Missverständnis ausgeräumt.

Ein weiterer Anlass zur Sorge für die Eltern trat während unserer Pubertät vehement zu Tage, als besonders Badda und ich in der Lage waren, wochenlang bewegungslos in einem der Sessel zu sitzen, vor uns hin zu glotzen und nach uns selbst zu riechen. Weil Badda in jungen Jahren an Hirnhautentzündung gelitten hatte, machte sich Mudda stets Sorgen um seinen Kopf. Und da alles Geschlechtliche, und somit auch die Pubertät, für sie äußerst verdächtig war, hielt sie es für durchaus vorstellbar, dass diese Phase „unvertäute Enden" der Hirnhautentzündung zu neuer Aktivität wecken könnte. Sie dachte wirklich so.

Als ein Mann aus dem Dorf in Werneck im Irrenhaus starb, erzählte sie uns Winzlingen, dem Bedauernswerten sei das eheliche Zusammensein nicht bekommen und darüber sei er verrückt geworden. Wir verstanden nur Bahnhof und lauschten unserer Mutter mit gläubigem Gesichtsausdruck.

Doch zurück ins Schloss. An das erste Wohnzimmer schließt sich der sogenannte Fuchsbau an, wieder eine ehemalige Schlafstube. Hier richtete Dadi zunächst sein Arbeitszimmer ein. Neben dem Sekretär stand das Telefon. Mutter ertappte Dadi des Öfteren, wie er mitten in der Nacht splitterfasernackt am Telefon hockte und Soldatenlieder sang. Er war kein begeisterter „Ehemaliger". Er meinte, es genüge, dass er den Krieg einmal verloren habe, er müsse das nicht jährlich bei Kameradentreffen wiederholen. Diese seine Kameraden sahen das anders und riefen an, wenn sie sturztrunken in Hotels oder Kneipen herumhingen, und ihn an ihrer guten Laune Teil haben lassen wollten. Wie schon erwähnt, Dadi hatte das Merkblatt zur Behandlung Betrunkener genau gelesen und wusste daher, dass es empfehlenswert war, mitzumachen. Denn sonst würden die Betrunkenen bis in die frühen Morgenstunden nicht locker lassen. Die Situation kann man sich nicht skurril genug vorstellen.

Im Fuchsbau bekamen wir das Zeugnisgeld. Auf eine Eins gab es eine Mark, auf eine Zwei 50 Pfennige und auf eine Drei eine Mark Abzug. Darüber hinausgehende Benotungen lagen außerhalb des Denkbaren. Ich kam einmal mit lauter Zweien nach Hause, nur in Singen hatte ich eine Eins und in Schreiben eine Drei. Die ganzen Ferien über hänselten mich die Geschwister und forderten mich auf, doch mal zu singen. Später in Schondorf hatte ich durchaus und in erster Linie Noten jenseits der Drei.

In seinem Büro hatte Dadi natürlich oft Geschäftliches zu regeln. Dazu wendete er bisweilen die Methode des „Ausschnapsens" an. Damals gehörte zu einem Geschäftsabschluss noch Schnaps, „in concreto" rotenhansches Zwetschgenwasser. Einmal sah ich Mutter, wie sie zwei Stamperl hintereinander kippte. Als sie mich bemerkte, erklärte sie mir, sie habe Badda angedroht, ihn zu verhauen, wenn er dies oder das noch mal täte. Nun habe er es noch mal getan und ohne vorher einen zu trinken, brächte sie es nicht über sich, ihm wirklich eine Tracht Prügel zu verabreichen. Ob es zur Ausführung kam, erinnere ich nicht.

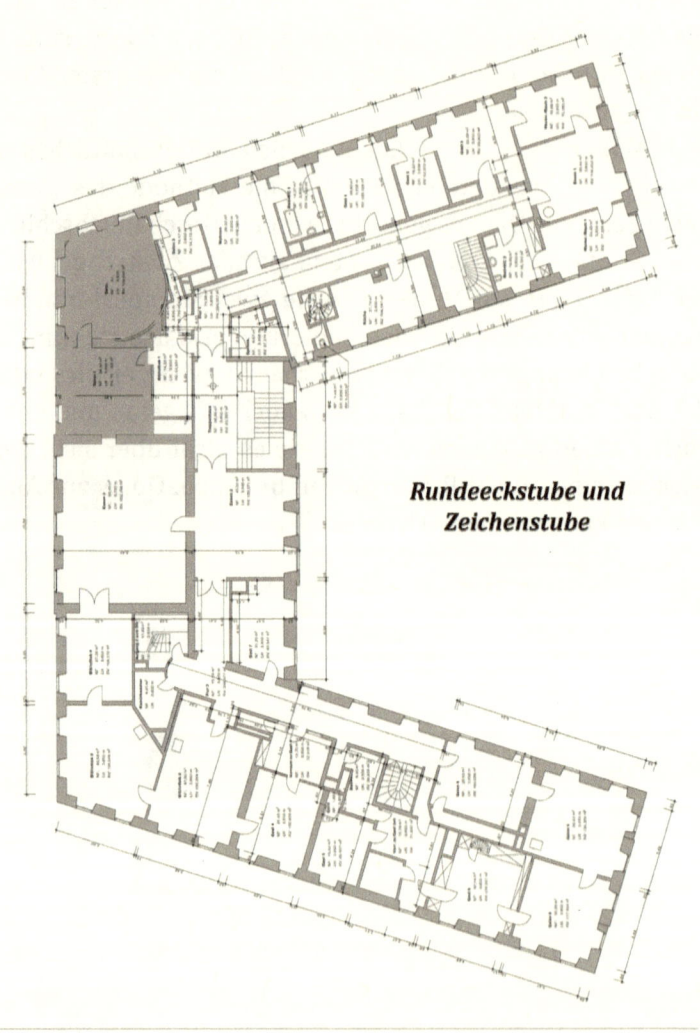

Rundeeckstube und Zeichenstube

Rundeeckstube und Zeichenstube
Weihnachten, die sechste Strophe, ein Gspusi und der jüdische Rechtsanwalt

Niemand aus der Familie wird widersprechen, wenn ich die Rundeeckstube als das schönste Zimmer im Haus bezeichne. Mit zwei hohen Fenstern nach Osten und weiteren zwei in Richtung Süden präsentiert sie sich zu jeder Tageszeit hell und lichtdurchflutet. Der Blick auf den Park, auf die äußere Anlage mit Sicht bis Hebendorf entfacht in jedem Depressiven Euphorie. Der opulent dekorierte Stuck erinnert daran, in welch privilegiertem Haus man sich befindet. Unschwer zu erraten ist die Namensfindung, sie folgt der besonderen Form. Die Fensterfronten sind eckig und rund die Innenwand gegenüber.

Wie schon erwähnt, lässt sich hier, vom Elternbad mal abgesehen, der prächtigste Stuck im ganzen Haus bewundern. Für uns war diese Stube immer der Inbegriff eines Wohnzimmers, obwohl es eigentlich nicht besonders gemütlich eingerichtet war. Unter den Stuckrahmen, in die nun neuerdings Spiegel montiert sind, befand sich je eine Kommode und an der Rundung flankierte den Ofen je ein schlichtes Sofa mit einem Tisch und vier Stühlen davor.

Die Stühle, deren Rückteile und Sitzfläche auf Korbgeflecht, sind eine Vorwegnahme des „Ikea"-Einheitsstils. Sie lassen sich von Schlössern der Loire bis Wien besichtigen, von Caserta bis Stockholm.

In der Rundeneckstube spielten wir an den Tischen „Rasender Roland" und bis zum Abwinken „Scheipa", ein Kartenspiel, das Nane aus Frankreich mitgebracht hatte. In dieser Stube – diese Bezeichnung ist die reinste Untertreibung – saßen bei großen Festen die Damen im Abendkleid, die Herren im Frack, und aßen das, was sie vom kalten Buffet im Oberen Saal geholt hatten. Und Weihnachten feierten wir hier.

Wie in jeder Familie war dieses Fest auch bei uns von Ritualen begleitet, die nur ganz behutsam verändert werden durften. Zunächst einmal umgab die Vorweihnachtszeit ständige Vorbereitungen und viele Geheimnisse. Plätzchen wurden gebacken, wir durften sie ausstechen. Der Postbote lieferte Pakete ab, die alle im Oberen Saal gestapelt auf das Fest warteten. Selbstverständlich war das Betreten dieses Raumes in der Adventszeit strengstens verboten.

Wenn am Heiligen Abend Dadis Glöckchen im Gang erklang, durften wir endlich ins Weihnachtszimmer, knieten vor der Krippe und sangen „Ihr Kinderlein kommet". Jeder erfuhr, auf welcher Kommodenhälfte seine Geschenke lagen, die wir stets mit großem Geschrei auspackten. Vom Groga bekamen wir jedes Jahr eine Packung Lebkuchen. Dadis „Bursche" aus seiner Soldatenzeiten, Herr Silbernagel, schickte Farbstifte, denn seine Frau arbeitete bei „Schwan-Stabilo" in Nürnberg. Alle anderen Geschenke variierten von Jahr zu Jahr. Ich denke, das Schönste, was ich je bekam, war ein grüner, gusseiserner Traktor. Er hatte in etwa die Größe eines liegenden Maßkruges. Ich glaube, Thia bekam auch einen. Mit diesem Ding spielte ich jahrelang im Sand. Ansonsten ließ ich jedes Jahr einen Wutanfall auf die Familie niederregnen, weil ich der Meinung war, meine Geschwister wären mehr und besser beschenkt worden. Nur im Jahr des Traktors blieb mein Ärger aus. Es gibt noch weitere Erzählungen rund um meinen doch recht fragwürdigen Charakter.

Als wir älter waren, durften wir Kinder den Weihnachtsbaum aufstellen und schmücken. Diese Arbeit begann am

Die Rundeeckstube 1958

Abend davor. Zunächst bereiteten wir rote Wollfäden in der korrekten Länge vor. Die richtige Abmessung gelingt nur, wenn man den Faden um das evangelisch-lutherische Gesangbuch für die Landeskirche in Bayern wickelt und einmal durchschneidet. Sodann werden die Enden verknotet, um schließlich mittels einer Schlaufe um den Stil eines zuvor polierten roten Apfels gelegt zu werden. Die Bienenwachskerzen mussten angebrannt und in die Halter gesteckt werden. Rituelle Handlungen, die jedes Jahr gleich abliefen, nur der Verbrauch an Frankenwein erhöhte sich mit den Jahren.

Am nächsten Morgen, „Heilig Abend früh" wurde der Weihnachtsbaum in die Rundeeckstube getragen und „im Eck" aufgestellt. Als Kinder hatten wir aus Metallfolie Sterne ausgeschnitten, die jährlich aufs Neue an den über drei Meter hohen Weihnachtsbaum gehängt wurden. Sie waren vorne rot und hinten golden. In einem sparsamen Haushalt wie dem unseren bügelte das Mädchen die Sterne jedes Jahr in der Adventszeit, damit sie glatt am Baum hingen und wieder verwendet werden konnten. Es gab einen Stern mit grüner Hinterseite. Für uns Kinder galt es, diesen an den Baum zu hängen, ohne dass Mudda es bemerkte.

Den Baum zu schmücken, betrieben Badda, Thia, Lullus und ich mit großem Ernst und Aufwand. Wir reichten dem auf der Leiter Stehenden Kerzen, Äpfel und Sterne, während Nane an jedem Zeigefinger einen Apfel hängen hatte und somit nichts tun konnte. Ganz zum Schluss gesellte sich Dadi zur brandtechnischen Kontrolle zu uns. Er sah nach, ob wir die Kerzen nicht zu dicht unter einem darüber liegenden Ast angebracht hatten, aber diese Vorsichtsmaßnahme zu beachten, hatten wir schnell raus. Dadi ließ sich jedes Jahr wieder darüber aus, dass das Duftgemisch aus Tannengrün, Bienenwachs und Pubertätsschweiß, für ihn den authentischen Geruch dieses Festes ausmache.

Wenn wir die Geschenke unserer Eltern und Paten ausgepackt hatten, kam Ümä und brachte ihre Präsente. Ich fand diesen Teil oft noch aufregender als die eigentliche Bescherung, es war wie der Genuss der Sahne auf dem Kakao bei Riffelmacher in Bamberg. An Ümäs Geschenken klebten oder hingen immer die Preisschilder noch dran, absichtlich, wie Dadi behauptete. Anschließend sangen wir meistens noch einmal „der Jünge nach". Das Singen – nicht nur an Weihnachten - spielte in unserem Familienleben eine große Rolle. In der Kirche galt es, in erster Linie laut zu tönen. Damals pflegten die Rotenhans noch im Baronsstall gegenüber von der Kanzel zu sitzen. Was da geboten wurde, war pure Kakophonie, denn Üpä und sein aus Schlesien geflüchteter Vetter, für uns Onkel Friedel, wetteiferten „wer wohl am besten sänge", Letzterer allerdings mit der dritten Stimme zur schlesischen Melodie. Onkel Friedel faszinierte mich, denn er hatte immer ein Nasentröpferl, das aber nie herabfiel.

Die Rotenhans singen also laut und meistens richtig. Vor ein paar Jahren hatte einer unserer Vettern einen Familientag organisiert. Böse Menschen behaupteten damals, er habe das nur getan, damit wir alle seinen neuen Jaguar bemerkten. Wie dem auch sei, dieses Treffen fand seinen Höhepunkt auf dem Familienfriedhof in Rentweinsdorf, wo wir gemeinsam „Lobet den Herren" intonierten. Das ist ein Choral mit fünf Strophen, die alle mit den Worten „Lobet den Herren" beginnen. Als Rotenhan singt man stets im Brustton der eigenen Selbstverständlichkeit und wenn das alle, unterstützt von Reschkes, Truchsessens und Boltzes tun, bekommen die Zuhörer eine Idee davon, wie es sich anhörte, marschierte die preußische Armee ein. Hermann aus Eyrichshof und ich schauten uns angesichts, oder besser „angehörs" dieser Lautentwicklung einen Moment verwirrt an. Doch auf ein Augenzwinkern hin, stimmten wir eine sechste Strophe an. Das kam nicht gut rüber...

Als ich vor ein paar Jahren in Berlin einen Weihnachtsgottesdienst besuchte, drehte sich plötzlich während des Liedes „Es ist ein Ros entsprungen" eine Dame zu mir herum: „Sie sollen hier nicht so schreien!". Das löste bei mir spontan zwei Reaktionen aus: Erstens bezweifelte ich

Der kinderreiche Vater in der Zeichenstube 1962

ihre Damenhaftigkeit, zweitens war ich fassungslos. Brigitte erzählte mir später, sie habe mich so noch nie erlebt. Je länger ich darüber sinnierte, desto näher kam ich des Pudels Kern. Sehr wahrscheinlich hatte die Frau mich in meiner rotenhanschen Selbstverständlichkeit getroffen.

Kommen wir zurück in die Rundeeckstube, wo wir fast täglich Tee tranken, den das Mädchen um halb fünf servierte. Zeit meiner Jugend war ich davon überzeugt, dass es ein Zeichen ganz besonderer Vornehmheit sei, dass es bei uns den Tee nicht um vier oder um fünf, nein um halb fünf gab. Außerdem wäre es vollkommen undenkbar gewesen, statt Tee Kaffee zu sich zu nehmen.

Zu jener Zeit besuchten uns manchmal die seltsamsten Leute. Einmal war es Onkel Frank Schultz aus Afrika. Er war Tante Annes Schwiegersohn, Besitzer einer Farm im ehemaligen Deutsch-Süd-West-Afrika. Ich sehe ihn noch in seinem Salt-and-Pepper-Mantel vor meinem geistigen Auge. Ein Material, von dem er behauptete, es handele sich dabei noch um Friedensqualität. Zudem schimpfte er auf Neger und Juden. Mudda und ich unterhielten uns allein mit ihm. Ich, etwa 15 Jahre alt, wagte nicht zu widersprechen. Als er uns endlich verlassen hatte, meinte Mudda, es sei doch erfrischend, wenn man mal auf jemanden träfe, der sich noch traue, seine Meinung zu äußern.

Es gab aber auch angenehme und willkommene Gäste. Zu Ostern kam immer Tante Esther, eine Schul- und Studienfreundin von Mudda. Sie arbeitete als Dolmetscherin im Hauptquartier der britischen Besatzungszone und wurde immer in Fulda am Bahnhof abgeholt. Mit in diese Stadt fahren zu dürfen, glich damals einer Weltreise, denn ausweislich des Wegweisers in Rentweinsdorf waren 121 Kilometer zurückzulegen, sogar über die Rhön führte die Route.

Tante Esther, „nur" eine Nenntante, wurde von uns allen heiß geliebt. Später heiratete sie Helmuth Aghte, genannt Onkel Esther, der zunächst sein Geld mit Romanen verdiente, die in Illustrierten als Fortsetzungsstorys abgedruckt wurden. „Das Liebesroulette" zählte zu seinen großen Erfolgen. Es hieß, er solle auch als Autor von Pornos in Erscheinung getreten sein. Mutter erzählte mir „das" unter allen Anzeichen des Entsetzens. Sie war übrigens im Besitz einer unschlagbaren Definition für Pornographie: „Wenn zwei, die nicht miteinander verheiratet sind, ins Hotel gehen und er sich danach den Zipfel am Vorhang abwischt." In späteren Jahren arbeitete Onkel Esther als Chefredakteur bei „Quick" und wohnte mit Tante Esther in einer schicken Villa in Nymphenburg. Der Arme nahm ein unglückliches Ende und starb unter nicht geklärten Umständen. Hernach munkelte man, er habe mit Leila Chaled, der Heldin des Schwarzen Septembers 1985, ein Verhältnis unterhalten. Jedenfalls entdeckte die Polizei auf dem Klo, auf dem er sein Leben aushauchte, eine Pistole und einen Kassiber für die PLO. Für uns blieb er der liebe Onkel Esther, der uns ungewohnt großzügig behandelte und seltsamerweise die ganzen Jahre hindurch an seinem „DKWuppdich" mit Zweitakt-Motor festhielt.

In der Rundeneckstube fand ein weiteres geselliges Ereignis regelmäßig an den Abenden statt: Wir „schöppelten". Bevor die Eltern den Frankenwein entdeckten, tranken sie einen „Mâcon" von Reidemeister und Ullrichs in Bremen. In jenen Zeiten wurde französischer Wein noch per Schiff nach Bremen transportiert und erst dort auf Flaschen gezogen. Es blieb natürlich nicht nur beim „schöppeln, sondern wir redeten miteinander. Die andauernde Kommunikation untereinander ist ein hervorstechendes Merkmal meiner Familie. Wir bequatschten alles, aber es war ungeschriebenes Gesetz, dass man amüsant zu sein hatte. „Herr schütze uns vor Sturm und Wind und vor Gesellen, die langweilig sind". Später kamen weltanschauliche Auseinandersetzungen hinzu. Es ging manchmal ganz schön kontrovers zu. Einig waren wir Geschwister allerdings stets, wenn es darum ging,

Gespräche über die religiösen Überzeugungen unserer Eltern im Keime zu ersticken.

Neben der Rundeneckstube befindet sich die Zeichenstube, die so heißt, weil dort über mehrere Generationen hin die Töchter, wohlgemerkt nur diese, im Zeichnen geschult wurden. Dort waren die Weihnachtstische der Eltern aufgestellt. Mutters Gabentisch drohte immer, unter der Fülle der Pakete zusammen zu brechen, und Dadi holte zu fortgeschrittener Stunde aus dem Sekretär, der zwischen den Fenstern stand, ein Päckchen heraus, das er sich selbst zu Weihnachten schenkte, meistens etwas Nützliches, das er sowieso brauchte.

In diesem Sekretär befanden sich sehr schicke Fotos von Ulla, Dadis Freundin zu der Zeit, als er nach seinem Bauchschuss in Berlin stationiert war. Sie war Mutter eines Sohnes namens Tom. Als dieser eines Tages in Rentweinsdorf aufkreuzte, ließ ich so nebenbei fallen, dass er ja „sozusochn unner Bruder" sei. Als Antwort erging sich Dadi stundenlang in Inkubationszeiten und der Aufzählung seiner Stationierungen mit Datumsangabe. Ulla wohnte mittlerweile in New York, weil sie einen amerikanischen Offizier geheiratet hatte. Den hatte sie für anständig gehalten, weil er sie nicht gleich bei der erstbesten Gelegenheit verführen wollte. Später stellte sich heraus, dass er schwul war.

Nur ein einziges Mal besuchte uns Dadis Verflossene, und Mudda befahl mir, ihn nach Bamberg auf den Bahnhof zu begleiten, „on ne sait jamais" – man weiß ja nie! Diese Fahrt nach Bamberg bleibt mir in steter Erinnerung. Ich versuchte natürlich meinen Vater nach Ulla auszufragen. Aber der berichtete nur, dass diese ihn nicht vergessen könne wegen der „Erstbindung". Aha!? Im Laufe des Gesprächs kristallisierte sich heraus, dass er allen Ernstes glaubte, im Gegensatz zum Mann würde eine Frau ihren ersten Liebhaber nie vergessen, sei zeitlebens emotional an ihn gebunden. Er hatte den Schluss gezogen, man müsse da ganz doll aufpassen und so weiter und so fort...

Unter den Familienporträts, die in der Zeichenstube hängen, stellten unsere Eltern ihre „Skier" auf den Kommoden aus. Dazu muss man wissen, dass sie eine riesige Freude daran hatten, in Bamberg in Antiquitätenläden zu stöbern. Meistens erstanden sie ein Tässchen, manchmal sogar ohne Untertasse. Die Freude war dann später umso größer, wenn sie dazu eine passende fanden. Kein billiges Hobby. Der Rentweinsdorfer Wald zählte für unsere Eltern zu deren Haupteinnahmequelle. Immer wenn wir darum baten, doch ein paar neue Ski zu bekommen, antworteten sie, die Holzpreise seien zu schlecht, als dass sie neue kaufen könnten. Für ihre Tässchen-Passion aber langten die Einkünfte. Und so verpassten wir ihnen eben den Namen „Skier".

In Bamberg war eine Antiquitätenhändlerin ansässig, eher schon eine Trödlerin, die Gürtlersche. Es entzückte Dadi, wie sie verdächtige Stücke hin und her wendete um schließlich zu sagen: „Des Ding is ned andick, des is höxdens andünn." Er machte mit ihr „Sprüch", sie waren sich sehr gewogen. Neben Gott dem Herrn hatte Dadi noch ein Credo: „ich bin ein Freund des Baren'". Er hielt nichts von Euro-Schecks oder Kreditkarten. So kriegte die Gürtlersche nie seinen Namen heraus. Und das machte sie schier verrückt. Einmal fragte sie Mutter frank und frei, die aber konterte mit einer Gegenfrage: Na, was glauben Sie denn, wer er ist?" – „Endweder a frängischä Baron oder a jüdischä Rechtsanwald." Dadi fühlte sich extrem geschmeichelt.

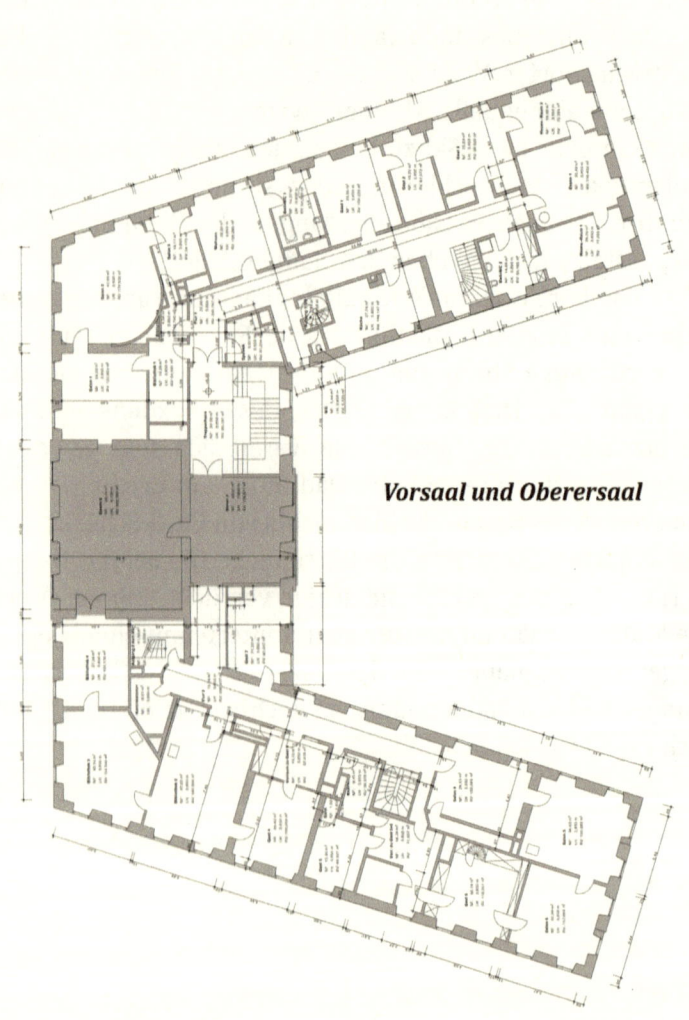

Vorsaal und Oberersaal

Vorsaal und Oberer Saal
Freimaurer und ein verpasster Mercedes

Der Vorsaal ist zu nichts nütze außer als Durchgang, wenn man vom Südflügel in den Nordflügel gelangen will. Nur an Weihnachten hatte er eine gewisse Funktion und das kam so: Bevor es Adenauer 1955 bei seinem Besuch in Moskau gelang, den deutschen Kriegsgefangenen die Heimkehr zu ermöglichen, zündeten die Deutschen am Heiligen Abend symbolisch kleine, rote Windlichter auf den Simsen ihrer Häuser an, um den Soldaten heimzuleuchten. Wenn wir an Weihnachten aus dem Gottesdienst in der Kirche kamen, standen in jedem der drei Fenster des Vorsaales je zwei Windlichter.

Den Rest des Jahres präsentierte sich dieser Ort gewohnt unbedeutend. Der große, runde Tisch nutzten wir nur bei großen Familienfesten als Katzentisch. Im Winter, wenn wir Versteck im Dunklen spielen, eignete er sich allerdings wunderbar, sich darunter zu verkriechen.

Der sich anschließende Obere Saal besticht durch seine absolute Schmucklosigkeit. „Da ist dem Schlosserbauer das Geld ausgegangen", lautete die plausible Erklärung. Es ist nicht belegt, dass der Raum jemals anders gestaltet gewesen wäre, sieht man einmal davon ab, dass Ur-Ur-Urgroßvater Siegmund eine hölzerne Zwischendecke einziehen ließ, um hier seine Freimaurer-Loge zu installieren.

Für gewöhnlich gab es in den Sommerferien die drei Hauptmahlzeiten im Oberen Saal. Ein so großes Haus zieht erheblichen Besuch an. Zu Lullus Taufe waren viele Kinder

Der Obere Saal

eingeladen, die ebenfalls hier ihre Mahlzeit serviert bekamen. Als unvergessen in diesem Zusammenhang gelten Franz und Philipp Ortenburg, weil sie auf die gedeckte Tafel mit folgenden Worten zustürzten: „Mir höggn uns do hi, do stenn die grössdn Dassn!"

Zudem sahen die Wände in diesem Teil des Schlosses unzählige Hochzeitsdiners und lauschten dabei zahlreichen Reden. Legendär bleibt auf jeden Fall Max Truchsess' Ansprache als Pate zu Thias Konfirmation. Dabei geriet er bedenklich ins Schwafeln, und just, als er das merkte, setzte er sich flugs mit dem Wort „adieu" wieder hin.

Eine weitere Begebenheit, die mir im Gedächtnis geblieben ist, ereignete sich beim Hochzeitsessen für unsere Cousine Magdalene Reschke und deren Mann Klaus Berchtenbreiter. Ich saß an der Tafel ganz unten rechts neben Tante Christa, Muddas jüngster Schwester, was den Vorteil barg, dass mir nicht langweilig wurde.

Als sich die Eingeladenen zu einem Toast erhoben, bemerkte ich, dass einer der übermannshohen Spiegel zwischen den Fenstern schwankte. Tante Christa meinte trocken, das „läge einzig am vorzüglichen Frankenwein". Als jedoch die Tafel aufgehoben wurde, krachte dieses Ungetüm auf den Rücken des Bruders des Bräutigams, der ihn auffing und heroisch Schaden vom rotenhanschen Familienporzellan abwendete.

Ich hege die Vermutung, dass der große Eichenbalken, der den Boden des Oberen Saals trägt, nicht unverbrüchlich stabil ist und sich bei extremer Belastung durchbiegt. Insbesondere wenn sich bei Festen, Geburtstagen und Beerdigungen Massen von Gästen im Oberen Saal aufhalten, kommen mir regelmäßig große Bedenken.

Bei Tanzfesten stand hier das kalte Buffet, das in jungen Jahren im Haus selbst vorbereitet wurde. Später beauftragten die Eltern Messerschmidt in Bamberg oder den Metzger aus Ebern. Ich sehe noch die Luise Genslein vor meinem geistigen Auge, wie sie unter Ausrufen und Grimassen der Abscheu eine Schüssel Krabbensalat in den Oberen Saal trägt. „Ach Gott, die glana Wörmla, draufkotz könnd ich"!

Dadi versprach in regelmäßigen Abständen, wer in der Schule nie durchfiele, bekäme zum Abitur einen Volkswagen.

Der Obere Saal

Noch in der Volksschule malte ich mir eigentlich keine großen Chancen aus. Ein einziges Mal garnierte er seine Motivationsrede mit einem Zusatz: „Wer Pfarrer wird, kriegt auch was". „Was?" quäkte ich und bekam zur Antwort: „Tante Kaulas Steinsammlung".

Unter dem bereits erwähnten Porträt von Tante Kaula, das nach ihrem Tod an der rechten Wand aufgehängt wurde, stand eine Truhe. Darin bewahrte Dadi die von Tante Kaula geerbte Steinsammlung auf. Es handelte sich um Rohlinge vom Glimmerschiefer abwärts.

Bei erstbester Gelegenheit stemmte ich diskret den Deckel hoch und war vollkommen entsetzt, wie Dadi einen solchen Pröll als Anreiz für ein so heiliges Amt einsetzen könne und protestierte prompt beim nächsten Mittagessen. „Gut, wer Pfarrer wird, kriegt auch einen Volkswagen". Das war der Grund, warum ich jahrelang mit diesem Amt liebäugelte. Schnell sprach sich mein Berufswunsch im Dorf herum. Alle mögliche abschätzige Bemerkungen musste ich mir nun anhören: „Lüchensoocher vo die Kanzl runder" und so weiter. Man merkt, sehr hoch war die Wertschätzung für Pfarrer nicht.

Dass jemand nicht an den lieben Gott glauben könnte, kam bis zu diesem Zeitpunkt in meiner Gedankenwelt nicht vor. Deshalb traf mich das böse Gerede unvorbereitet und verblüffte mich. Pünktlich zur Konfirmation verebbte bei mir erstmal der Glaube, und ich fand mich mit dem Gedanken ab, mir einen Volkswagen wohl selbst verdienen zu müssen. Das passierte, nachdem ich tatsächlich bis zum Abitur ein Jahr länger gebraucht hatte, am Fließband vom Kugelfischer in Ebern. Ich hatte damals noch nicht richtig kapiert, dass Dadi trotz seiner unbestrittenen Frömmigkeit bereits zum Pfaffenhasser mutiert war, und mir wahrscheinlich mit Freuden einen Mercedes gekauft hätte, wenn er damit verhindert hätte, dass aus mir ein Pfaffe würde. Eine unter vielen verpassten Gelegenheiten in meinem Leben.

Wie schon erwähnt, wurden im Oberen Saal vor Weihnachten die eintrudelnden Geschenke aufbewahrt. Betreten verboten. Ein einziges Mal widersetze ich mich, bin rein und hatte die Hosen „bis zum Eichstrich" voll. Zu mehr als einen kurzen Blick in die Pakete zu werfen, bin ich vor lauter Angst, entdeckt zu werden, nicht gekommen. Heute erinnere ich mich nicht mehr daran, was ich darin sah. Aber eines weiß ich noch heute: Am Weihnachtsabend plagte mich ein riesig großes, schlechtes Gewissen. Außerdem merkte ich, wie der Glanz der Bescherung, ja des gesamten Festes in diesem Jahr für mich plötzlich verschwunden war...

1969 hielt Dadi hier die erste Betriebsversammlung ab. Es war kurz vor Weihnachten und er musste die Belegschaft von der kurz zuvor eingeführten Lohnfortzahlung im Krankheitsfalle unterrichten. Es gab belegte Brote, Glühwein und Bier. Als Dadi mit seinem Vortrag fertig war, sagte er, wer wolle, könne nun gehen. Darauf ertönte die Stimme der „Albrechda", Frau Albrecht, die feststellte: „Edserd ham mer uns gawoschn, edserd blei mer do." Jetzt haben wir uns gewaschen, jetzt bleiben wir da. Es wurde ein sehr vergnügliches Fest aus dem dann die jährlichen Weihnachtsfeiern entstanden. Das Krippenspiel war damals schon längst eingeschlafen, es arbeiteten eben immer weniger Menschen „bein Rodnhan".

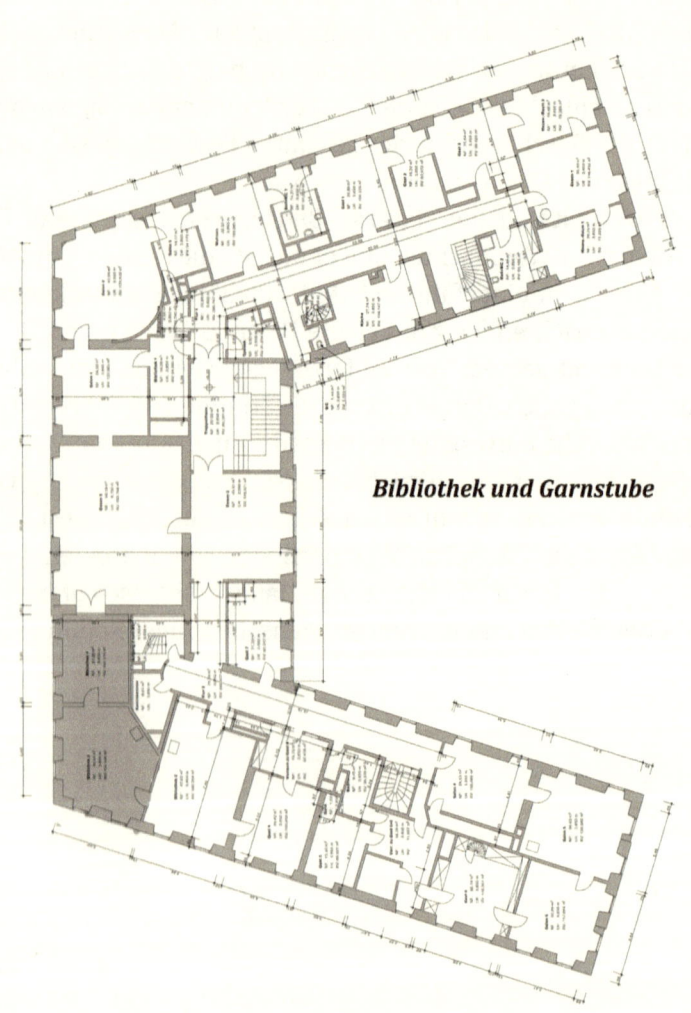

Bibliothek und Garnstube

Bibliothek und Garnstube
Der eine knutscht, der andere turnt nackt

Die Bibliothek fasziniert mich, weil sie vollkommen aus dem Rahmen fällt. Die Regale stammen wahrscheinlich noch aus der Zeit von Ur-Ur-Urgroßvater Siegmund und die aufbewahrten Bücher zählen ähnlich viele Jahre. Hervorheben lassen sich einige besondere Bände aus dem beginnenden 20. Jahrhundert, wie etwa die vier Kriegspropaganda-Werke. Sie berichten jeweils über das Leben eines Offiziers aus jeder Waffengattung. Kurios ist auch die Fotosammlung der Reise fränkischer Barone durch afrikanische Kolonien. Hierbei fällt insbesondere auf, dass der Verfasser offenbar Wert darauf legte, einerseits zu dokumentieren, wer alles mit von der Partie war, und andererseits wie wenig Kleidung sich Eingeborene doch üblicherweise anzogen.

Zu den lesenswerten Abhandlungen zählen für mich der fast täglich stattfindende Briefwechsel zwischen den Brüdern Hermann und Julius Rotenhan und natürlich die Doktorarbeit meines Vetters Siegfried Reschke über das blasenfreie Gießen von Kupfer. Zudem haben mich mein ganzes Leben lang die Pläne in der flachen Kiste, gleich unter dem ersten Fenster mit am meisten fasziniert. Dort liegen die Baupläne des Schlosses und die "Verschönerungsabsichten" von Ur-Urgroßvater Hermann. Gott sei Dank wurde bei ihm das Geld schon nach der Gestaltung der Gewölbstube knapp. Er verdiente sich daraufhin ein Zubrot im bayerischen Landtag.

Über die Jahre passierte in der Bibliothek nicht viel, jedenfalls nichts Welt bewegendes. Vielleicht auch deshalb, weil

Lullus in der Bibliothek 1974

wir nur sehr selten dort wohnten, der Raum ist nicht heizbar. Da hier nur selten jemand vorbei kam, eignete sich die Bibliothek hervorragend für erste Knutschereien.

Die Garnstube hingegen diente früher als Gästezimmer. Hier logierte beispielsweise der Porträt-Maler Oberhoff mit Frau. Er hatte den Auftrag, unsere Eltern auf Leinwand zu bannen. Dadi und Mutter übertrugen ihm diese Aufgabe vor allem deshalb, weil er sich bereits vor dem Krieg einen gewissen Ruf als Porträtist erworben hatte. Üpä und Ümä hatten sich von ihm malen lassen. Ein Umstand ließ mich jedoch an ihm zweifeln: Oberhoff litt, unterdessen alt geworden, an einem Zitterarm. Ich fragte mich, wie jemand mit so einem Handicap überhaupt in der Lage ist, einen Pinsel zu halten. Außerdem frönte das Ehepaar dem morgendlichen Turnen - und zwar unbekleidet. Auf gleicher Höhe, etwa 30 Meter entfernt, befand sich zu jener Zeit das Abkühlbecken des Sudhauses. Ob dieses Spektakels verlegten die Brauer nach und nach ihre Brotzeit dorthin, um der sportlichen Ertüchtigung wenigstens aus der Ferne beizuwohnen. Schließlich beauftragte Dadi den Braumeister, seine Leute zu ermahnen, während das

Künstlerpaar gebeten wurde, auf adäquate Kleidung zu achten.

Dadi legte für das Modellsitzen seinen Barons Smoking an, mit anderen Worten einen schilfleinenen Trachtenjanker, Mudda hingegen saß in Ball-Robe Modell. Und das obwohl sie die Herumsitzerei hasste, weil sie sich schlicht langweilte. So geriet ihr Gesichtsausdruck auf dem Gemälde alles andere als freundlich. Mein Vater erzählte in den folgenden Jahren gerne, das sei der Gesichtsausdruck, der ihm beim Betreten des Wohnzimmers dazu brächte, die Tür sofort wieder zu schließen und schnell in den Wald hinauszufahren.

Nane und Badda portraitierte in der Folge ein Maler namens Halfeld. Thia war zu dieser Zeit noch ein Baby, der Meister hätte ihn sozusagen auf dem Eisbärfell malen müssen. Die Eltern verzichteten darauf, auch mich künstlerisch verewigen zu lassen. Die Operationen, die mein Schielen schrittweise beseitigten, fanden erst Jahre später statt. Was die Fehlstellung meiner Augen angeht, behauptete Dadi stets, sie sei derart extrem gewesen, dass mir die Tränen kreuzweise den Rücken runtergelaufen wären.

In den 70er Jahren widmeten wir die benachbarte Garnstube zur Sommerwohnstube um, da dort zu dieser Jahreszeit angenehm kühle Temperaturen herrschten. Gleichzeitig unternahmen wir den Versuch, die Literatur aus der Generation der Eltern und unsere Kinderbücher für die Nachwelt zu erhalten. Es ist mir bis heute ein Pfahl im Fleisch, dass kulturfremde Hände die von mir beigesteuerten vollständigen Bände von Asterix und Obelix im französischen Urtext entsorgt haben.

Bei der Garnstube handelt es sich um das Gegenstück zur Rundeneckstube. Sie ist etwa gleich groß mit ebenfalls vier hohen Fenster in zwei Himmelsrichtungen. Sollte jemand die Lust verspüren, eine Doktorarbeit über die Wirkung des Lichtes zu schreiben, dem lege ich ans Herz, sich abwechselnd in diese beiden Zimmer zu setzen. Sie sind wie Tag und Nacht.

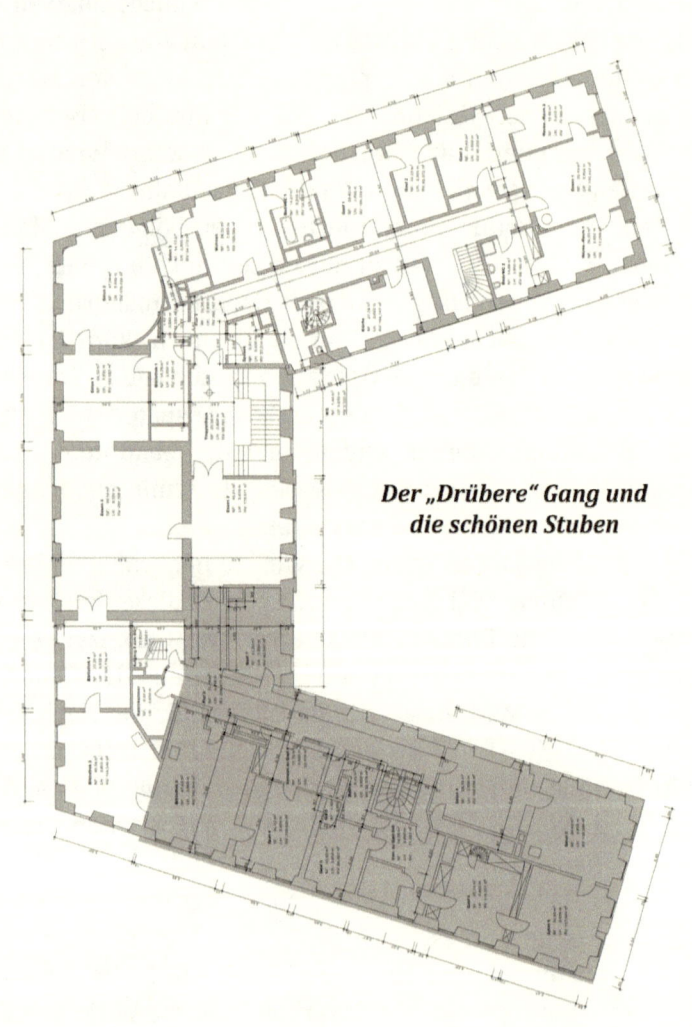

Der „Drübere" Gang und die schönen Stuben

Der „Drübere" Gang und die schönen Stuben
Der Suez Kanal, ein Hauch von Dekolleté und das Kindergefängnis

In den Zimmern des Drüberen Ganges wohnten für gewöhnlich die Dienstmädchen. Auch wir fanden dort einen Sommer lang Asyl, als im Südflügel die Schornsteine neu eingezogen wurden. Am Rande sei erwähnt, dass wir hier im Jahr 1953 in Thias Windel die letzte Schloss-Wanze fanden. Nach dem Krieg, als all die „displaced people" Einzug ins Haus hielten, hatte die hohe Anzahl von neuen Mitbewohnern zu einer wahren Ungezieferplage geführt.

Der Schlosserbauer und seine Familie lebten an diesem Gang, man erkennt es an den eigens zu diesem Zweck eingerichteten Zimmern. Der Raum neben der Garnstube, diente als Esszimmer. Leicht zu erkennen an den unzähligen Wandschränken, in denen das Geschirr stand. Später verwandelte es sich in ein Spielzimmer und heißt deshalb bis heute Billard, obwohl der dazugehörige Tisch schon seit Jahrzehnten verschwunden ist.

Die Gelbe Stube liegt nebenan. Sie fungierte wohl als Elternschlafzimmer der Schlosserbauer. Die Schönen Stuben nutzten sie zum Wohnen.

Mit Blick zum Schlosshof, noch zum Mittelbau gehörend, blicken wir in die Spoerlstube. Wir nutzten sie wie fast alle anderen Räume in diesem Bereich als Gästezimmer. Der Hauslehrer von Hermanns Kindern, ein gewisser Herr

Spoerl, war hier namensgebend untergebracht. Ob er mit dem Autor der Feuerzangenbowle verwandt war, weiß ich nicht. In seinen Memoiren hielt er unter anderem fest, dass er nie vorher oder nachher so hoffnungslos begriffsstutzige Kinder unterrichtet habe, wie jene in Rentweinsdorf.

Nicht unerwähnt bleiben darf, dass ich im Duschbad neben der Gelben Stube mein erstes eigenes Geld verdient habe. Ich zählte vielleicht sechs Jahre, als das Badezimmer eingebaut wurde. Der Fliesenleger Lechner aus Ebern sollte sowohl den Boden als auch die Wände mit Kacheln fliesen, das nennen die Franken „bleddln". Auf welche Art und Weise auch immer, gelang es mir, mich in seinen Gehilfen zu verwandeln. Er bot folgende Entlohnung an: Stundenlohn zehn Pfennig von denen ich aber drei Pfennige an Lohnsteuer abführen müsste. Wenn ich hingegen neun Pfennige akzeptierte, brauche das Finanzamt davon ja nichts zu erfahren.

Eines Tages trank er einer Arbeitspause in der Schlosswirtschaft gegenüber gerade ein Bier, als ihn, damals ein unerhörter Vorgang, jemand ans Telefon rief. Nachdem er die Wirtsstube wieder betreten hatte, fragten ihn die Zecher, wer es denn gewesen sei? Daraufhin antwortete der Lechner ganz lässig: „Des war der Nasser, der hat mich gabädn, dass ich ihm sein Kanal rausbleddl." Die Suezkrise steckte offenbar noch in den Köpfen der Leute.

Auch die Braune Stube wurde beim Bau des Schlosses in besonderer Art und Weise konzipiert. Sie diente als Arbeitszimmer von Johann Friedrich, dem Schlosserbauer. Hinter den hohen Holztüren der Wandschränke bewahrte dieser seine Dokumente auf. Er scheint sich hier regelmäßig und oft aufgehalten zu haben, sein Kammerdiener wohnte ein Stockwerk tiefer, verbunden durch eine geheime Treppe.

Die Braune Stube besitzt etwas, was sonst kein Zimmer aufweist: ein Klo. Gegen den Lärm der Familie war die Braune Stube durch zwei Türen abgeschottet, und zwischen den beiden, rechts, entstand ein kleiner Raum, in dem ein Stuhl mit Behältnis stand. Das war nur im Nordflügel überhaupt möglich und noch heute ist das nicht verschließbare Loch in der Mauer sichtbar, aus dem Gerüche diskret entweichen sollten.

In der mittleren Schönen Stube hing ein hochgeschlossenes Bild von Hermanns Schwester Thusnelda, verheiratete Rappold. Die Familie von Rappold ist mit Thusneldas Sohn ausgestorben. Wer sein Grab besuchen möchte, findet es auf dem Familienfriedhof in Rentweinsdorf an der Süd-West-Ecke mit zerbrochenem Wappenschild. Julius Rotenhan - Herrmann war bereits tot - zerbrach das Wappen bei der Sarg-Legung eigenhändig und warf es mit in die Grube. Die Rappolds hatten sich mit Tuberkulose infiziert und starben alle daran, auch Thusnelda selbst.

Wie wir von Thomas Mann erfahren durften, kommt es zuweilen bei Tuberkulose-Kranken vor, dass mit fortschreitender Krankheit der Sexualtrieb zu unerwarteter Munterkeit erwacht. So auch bei Thusnelda. Nähere Informationen darüber enthält der besorgte Briefwechsel ihrer Brüder. Außerdem ließ sie sich in unerhört freizügiger Weise porträtieren, derart unerhört, dass man mit einigen beherztzüchtigen Pinselstrichen dem Skandal ein Ende setzen musste.

Nun, in der Fünfziger Jahren lockerten sich sogar in Rentweinsdorf die Sitten. Unter dem Vorwand, das an sich doch recht gelungene Bild restaurieren zu wollen, sollte dieses unerhörte Dekolleté wieder in den ursprünglichen Zustand versetzt werden. Der Maler Halfeld war eh grad vor Ort und wurde flugs mit der Restaurierung beauftragt. Anlässlich der spektakulären Enthüllung kam die Verwandtschaft zu Besuch, um dem Striptease Thusneldas mehr oder weniger hoffnungsvoll beizuwohnen.

Die Erwartungen wurden nicht erfüllt, die Enttäuschung war groß, denn nur wer genau hinschaut, kann einen Schatten erkennen, der schwach erahnen lässt, dass Thusnelda überhaupt mit einem Busen gesegnet war.

In der ersten Schönen Stube befindet sich das Kindergefängnis - eines von mehreren. Es handelte sich um die lichtlosen Gänge, von denen aus die Öfen von hinten befeuert wurden, um die Herrschaften nicht zu stören. Auch im Treppenhaus in den oberen Etagen existiert noch heute ein solches Kindergefängnis. Uns begleitete die Drohung durch die Kindheit, dass wir dort eingesperrt würden, wenn wir frech und ungezogen wären. Ich saß ein paar Mal ein, allerdings jeweils nur kurz, weil ich so gotteserbärmlich brüllte, dass die Eltern die „Operation Haftstrafe" abbrachen. Und wohl auch deshalb, weil sie sich der Fragwürdigkeit des Unterfangens bewusst waren.

Das Obergeschoss des Nordflügels nutzten wir fast nie. Gelbe und Braune Stube waren für Gäste reserviert und die Schönen Stuben wurden nur bei größeren Festen wie beispielsweise Hochzeiten geöffnet, um dort zu essen. Eher langweilig und deshalb gibt es nur wenig aus diesem Bereich zu berichten. Ich habe den Eindruck, dass durch den Bau der Fasshallen und in späteren Jahren die hinzukommende Brauerei der ganze Nordflügel seit der Zeit von Urgroßvater Gottfried über mehrere Generationen hinweg zu einem Mauerblümchen-Dasein verdammt war. Seitdem die Gebäude abgerissen wurden, lässt es sich frei atmen, blickt man aus dem Fenster. Eine Maßnahme, die den Nordflügel bewohnbarer gemacht hat.

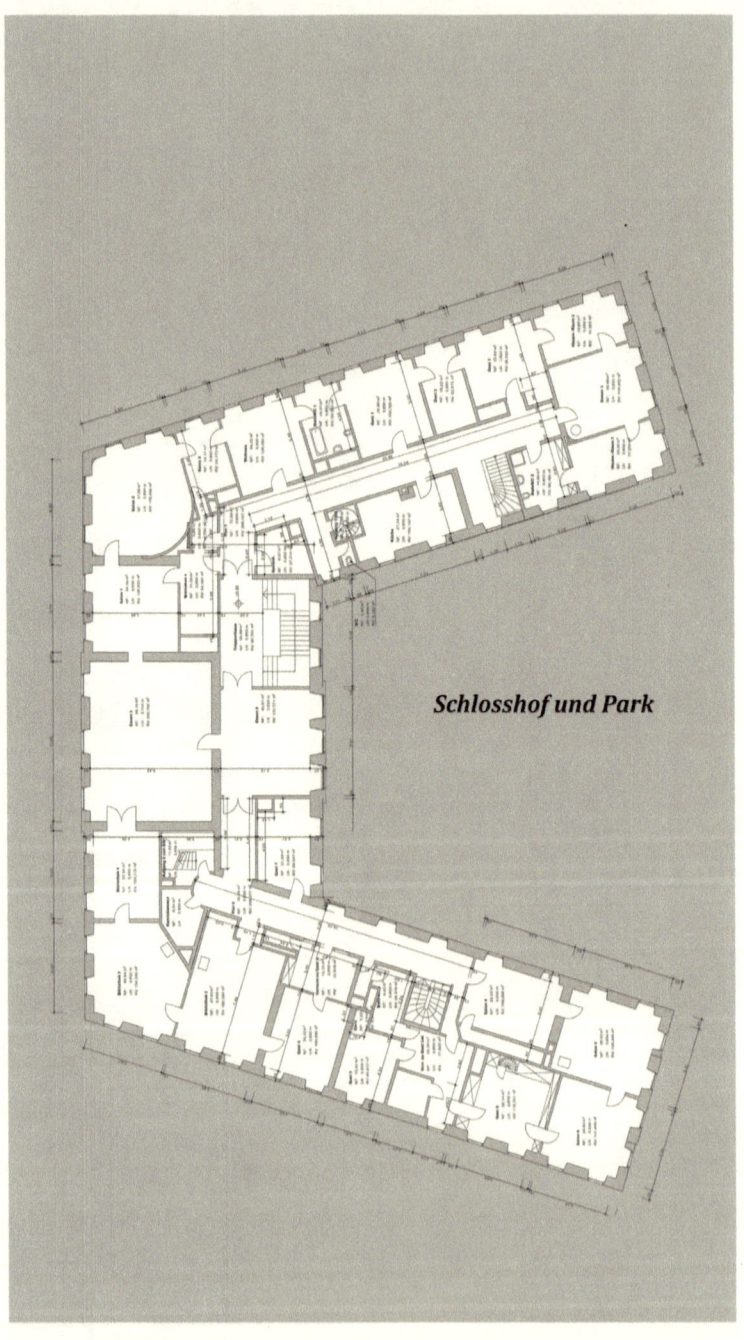

Schlosshof und Park

Der Bock, der Trampelbock und der Preisskifahrer.

Der wichtigste Raum waren, besonders in der warmen Jahreszeit Schlosshof und Park.
Wohin man auch wollte, alle Wege führten über den Schlosshof. Hinüber zur Kirche, um getauft, getraut oder aufgebahrt zu werden, hinunter zum Gutshof oder der Brauerei, ins Äußerdorf, ins Oberdorf, ins Unterdorf immer liefen wir über den Schlosshof. Einen Ortsteil habe ich vergessen, die Türkei hinter der Kirche. Niemand weiß, wie er zu dem Namen kam. Hier wohnten der Bierfahrer Gründel mit seinem taubstummen Sohn, hier wohnte Baddas Freund Rudolf Schwarz, hier gab es beim Konsumladen Eva Eis, während es beim Kaufmann Müller im Unterdorf Schöller Eis gab.
Wenn es warm war und nicht regnete, lebten wir Kinder auf dem Schlosshof. Ümä beanspruchte als ihr „Plätzchen" das rechte Eck des Hofes, denn sie litt stark bei hohen Temperaturen. Sie erzählte mir lachend, das habe Üpä ordinär gefunden. „Man" schwitzt nicht. Er habe so trockene Hände gehabt, dass er damit seine Brille putzen konnte.
Unser Eck war die linke Seite, wo es im Hochsommer zugegebenermaßen unerträglich heiß werden konnte. Auf den Schlosshof brachten die Arbeiter vom Gutshof die Erntekrone und hängten sie unter dem Balkon auf. Das geschah, wenn die Ernte eingefahren war und dann gab es Freibier. Wir Geschwister verbrachten auf dem Schlosshof einen großen

Teil unserer Kindheit. Tagsüber fuhren wir stundenlang mit dem Rädchen ums Rondell, Ümä stoppte, wer das am schnellsten konnte. Unzählige Male rutschten wir auf dem Schotter aus, schürften uns die Knie auf. Hier draußen hingen wir ganze Nachmittage herum, immer in der Hoffnung, Dadi werde in den Wald fahren und uns mitnehmen.

Aber mit Abstand das Wichtigste waren unsere Freunde aus dem Dorf, die uns besuchten, um mit uns zu spielen. Baddas bester Kumpel war der Schwarzn Rudolf. Als die beiden eines Tages etwas ausgefressen hatten, schimpfte Mutter sie „Dunnerkeilsfregger", worauf Rudolf tadelnd zu ihr aufsah und erwiderte „Frau Baron, des secht mer fei aa wieder ned."

In großer Freundschaft fühlte ich mich in erster Linie mit Berthold Appelmann und Manfred Schad verbunden. Aber auch der Oppels Siff, der Hohnhausen Siff und der Kurzlang gehörten zum harten Kern. Wurde der Schlosshof doch mal langweilig, durchstreiften wir eben das ganze Dorf. Die Verbindung zu Berthold hatte einen Haken, denn in regelmäßigen Abständen „waren wir Bock". Wir spielten dann eine Woche lang nicht mehr miteinander, ja, wir kannten uns nicht einmal mehr. Auch deshalb weil ich ihm, wenn wir uns zerstritten hatten, hinterherschrie: „Appelmanns Schuster, hast Feuer im Arsch, leck mich am Arsch."

Bertholds Großvater verdiente sein Geld als Schuster. Als er noch lebte, liebte ich es, ihm bei der Arbeit zuzusehen. Nach den Schmähungen war Berthold natürlicherweise richtig sauer, kehrte aber trotzdem nach etwa einer halben Stunde zurück um seine Schwester Musch zu sich zu rufen. Sie spielte gewöhnlich mit Thia. Berthold rief dann: „Musch, ham, griegst dei Hibb." Diese Rituale hielten wir ein, ebenso wie nach einer Woche wieder Frieden zu schließen, ohne das Vorgefallene jemals zu erwähnen.

Zu Berthold Appelmann habe ich nach wie vor den besten

Die Strecke wird gelegt 1958

Kontakt, er ist Elektromeister geworden. Manfred Schad hat es zum Industriemeister gebracht und Siegfried Oppel eiferte seinem Vater nach und wurde wie dieser Schlossermeister. Zu den übrigen Kumpels habe ich leider den Kontakt verloren.

Auf dem Schlosshof endeten gemeinhin die Jagden. Ansehnliche Strecken gab es zu sehen, allerdings nur nach der Entenjagd. Hier wurde der Jagdkönig ermittelt und ausgerufen und hier wurden Brüche verteilt. Die Strecke der erlegten Tiere wurde verblasen und irgendeiner von uns fing stets eine Ohrfeige, weil er über die Strecke sprang. Zur Erklärung des Jägerlateins: Ein Bruch ist ein kleiner Ast eines Laub- oder Nadelbaums. Ihn zieht der erfolgreiche Schütze durch die tödliche Wunde des Wildes und steckt ihn sich an den Hut. Eine Strecke nennt man das erlegte Wild, das der Reihe und der Art entsprechend nach der Jagd präsentiert und verblasen, also durch bestimmte Signale der Jaghörner geehrt wird.

„Zwischen den Jahren" veranstaltete Dadi die nachgerade legendären Kinderjagden. Dabei wurde nicht etwa auf uns geschossen, vielmehr arbeiteten wir, die Ortenburger, Bundorfer,

Trieber, Casteller und all die anderen Mädchen und Buben der Verwandten und Bekannten, als Treiber. Mit lautem Gebrüll zogen wir durch den Wald und brachten es durch jahrelange Übung zu einiger Perfektion, das Wild dorthin zu treiben, wo die Schützen standen. Nach dem Spektakel entlohnte uns Dadi sogar mit echtem Treiberlohn. Später am Tag pflegten die Jäger dann in der Rundeneckstube ihren Tee zu trinken, während wir in allen Gängen Versteck im Dunklen spielten. Einmal erwischte uns die Kinderärztin Doktor Stark, als wir „strümpfich" auf den eiskalten Gängen rumrannten. Sie kommentierte unser Verhalten damit, dass dies wohl nicht im Sinne des Erfinders sei. Ich bezweifelte sehr, dass sie den Erfinder von „Versteck im Dunkeln" überhaupt kannte.

Immer wenn vor der Haustür junge Fichten in den Boden gerammt und mit kleinen rot-weißen Fähnchen geschmückt wurden, stand eine Taufe ins Haus. Als zwei Waldarbeiter mal wieder mit den Vorbereitungen beschäftigt waren, kam jemand aus dem Dorf vorbei und bemerkte lapidar: „Die Baamla däd ich gapflanz." Als die Eltern im Zuge einer Forsttagung einen Marienwallfahrtsort besuchten, der ins-

Plantschen auf dem Rondell

besondere Ziel von Frauen mit Kinderwunsch ist, fiel der Förster Elflein Mudda mit den Worten „um Goddes Willen" in den Arm, als sie sich anschickte, das wunderschöne schmiedeeiserne Gitter anzufassen Das Berühren des Gitters sollte die Fruchtbarkeit fördern. Das wusste der Atheist Elflein, Mudda hingegen nicht. Wir ahnen es schon, sie fand solche Episoden nur in engen Grenzen komisch. Dennoch überwog ihre Lust am Erzählen, so dass sie später beide Geschichten häufig zum Besten gab.

Auf dem Rondell, dem runden Rasenplatz auf dem Schlosshof in dessen Mitte sich wiederum ein Rosenrondell befindet, spielte sich, besonders als wir noch kleine Kinder waren, der Sommer ab. Fangerles um die Rosen, abschlagen, Federball und plantschen, all das geschah hier. Zum Plantschen wurden mehrere Zink- oder Holzzuber aus der Waschküche geholt, mit Wasser gefüllt, damit wir uns gegenseitig bespritzen konnten, und in den Kübeln etwas Abkühlung mitbekamen.

Trauriger Weise ging auf dem Schlosshof mein erstes Moped in Flammen auf. Es handelte sich um eine „NSU-Quickly". Der Vorarbeiter im Gutshof, der Schads Jörg hatte sie mir überlassen, weil er meinte, sie habe einen irreparablen Kolbenfresser. Zuerst gelang es Schorsch und mir, den festgefressenen Kolben wieder beweglich zu machen. So fuhren wir los. Allerdings stellten sich die Benzinschläuche als brüchig heraus. Und irgendwann entzündete sich folgerichtig das auslaufende Benzin am heißen Motor, ausgerechnet in dem Moment, in dem wir das Ding auf dem Schlosshof vorführen wollten. In unserer Not verwendeten wir händeweise, Sand, Blumenerde und ausgerupftes Gras zum Löschen. Danach war das Ding endgültig „freggt".

Die Eltern pflegten ihre beiden Autos auf dem Schlosshof zu parken. Als Caspar, der erste Enkel, das Licht der Welt erblickte, besaß Mudda gerade einen roten „VW-Käfer". Der Winzling, er konnte kaum laufen, liebte es, sich in dieses Auto zu setzen und – brumm brumm – so zu tun, als führe er. Wir

Onkels machten uns einen Spaß daraus, ihn immer wieder aus dem Käfer zu holen, weil er in diesen Fällen zuverlässig das bekam, was man in Franken einen „Trampelbock" nennt - einen Wutanfall.

Hinter dem Haus, fast ebenso wichtig wie der Schlosshof, erstreckte sich der Park. Er war riesig und herrlich unübersichtlich. Unser Vater fand das schrecklich, er bevorzugte möglichst wenige Bäume und Weitblick. Tante Kaula, Ümä und Üpä wehrten sich aber vehement gegen jegliche Veränderung. So blieben denn die Büsche und uralten Bäume, die zwar die Sicht versperrten, uns aber wunderbare Möglichkeiten des Spiels, des Versteckens und des „Häusla bauens" gaben.

Vor den Spielen musste natürlich abgezählt werden. Unzählige Verse hatten wir auf Lager: Mein Favorit war:

Radfahren auf dem Schlosshof

Wenn's Äffla scheisn geht, geht's hindern Haus
Wenn's ka Ba-bier-la hat, nimmd's die Faust
Die Faust rutschd aus, und du bis draus.

Und dann gingen die Spiele los, in den Gebüschen, hinter den Bäumen und auf den großen Rasenflächen. Immer gewarnt vor der unendlichen Tiefe des Morasts im Hutsee mieden wir ihn, außer im Winter. Wenn er zugefroren war lief die gesamte Dorfjugend darauf Schlittschuh.

Der Hutsee ist der letzte Überrest des Wassergrabens, der die mittelalterliche Burg umschloss und somit behütete. Daher der Name. An einer Stelle führen wenige Treppen hinab zum Wasserspiegel. Gegenüber wohnten in einer Höhle Ringelnattern. Harmlos aber armdick seien diese Tiere, sagte uns Mudda. Vorsichtshalber rannte ich an dieser Stelle. Ich hielt die Ringelnattern für nahe Verwandte des Bobbelootz. Gesehen habe ich weder die einen noch den anderen.

Damals führten noch geharkte Wege durch den Park, auf denen wir immer wieder Üpä bei seinem Spaziergang trafen: Hände an die Hosennaht, Diener, wir erinnern uns.

Später kauften die Eltern ein aufstellbares Schwimmbad, Doughboy genannt. In diesem Pool lernten wir schwimmen und die Angst vor dem Wasser zu überwinden. Leider verbot

Dadi und Thia im Doughboy

Parkseite 1961. Vorne der Hutsee

Mudda, dass unsere Freunde aus dem Dorf mit rein durften. Sie war davon überzeugt, sie würden ins Wasser pinkeln. Das haben wir gerne und zuverlässig übernommen.

Der Park liegt erheblich tiefer als der Schlosshof, weil das Haus auf den Gewölben der Wasserburg steht. An der Südfront versuchte Mudda, an der Mauer Pfirsiche zu ziehen. Es kamen sehr saftige aber saure Früchte dabei heraus, saftig deshalb, weil die Bäumchen in unmittelbarer Nähe der Sickergrube gepflanzt worden waren. Diese mussten einmal im Jahr gesäubert werden. Dazu kam der Preisskifahrer mit seinem Lastwagen in den Park gefahren: Auf der Ladefläche war ein riesiges Fass montiert und mittels verschiedener Schläuche pumpte er den Dreck unter ziemlicher Geruchsentwicklung weg. Der Preisskifahrer war natürlich keiner sondern der Scheißbrühfahrer. Zu Dadis Talenten zählte es, ein großer Schüttelreimer zu sein.

Der Preisskifahrer spielte in unserer Jugend insofern eine bedrohliche Rolle, als Dadi stets sagte, er werde dem von uns, der in der Schule versagte, einen solchen Lastwagen kaufen, damit er wenigstens sein Auskommen hätte.

Im Park wurden am Morgen nach Tanzfesten und beim Empfang nach Hochzeiten immer Bratwürste gebraten, dazu wurde Bier ausgeschenkt. Für einen Franken gibt es neben dem Kartoffelkloß nichts Besseres als eine auf „Dannabetz" gegrillte Bratwurst. Sie wird in ein Brötchen geklemmt und heißt deshalb „Eigazwiggda". Natürlich gilt es, möglichst viele Bratwürste zu verzehren und deshalb verdirbt sich der Geübte nicht damit den Appetit, dass er das Brötchen isst. Man geht damit immer wieder zum Rost und lässt sich eine neue Bratwurst hineinlegen.

Bei der Hochzeit einer meiner Nichten hatte der Bräutigam Freunde aus Madrid eingeladen, die sich wie folgt mokierten: „Llevan chaqué, pero comen salchichas con las manos": „Cuts tragen sie, aber die Würste essen sie mit den Fingern."

"Cuts hamse, aber die Würstchen essen sie mit den Händen".

Who is Who

Zugegeben, es ist kompliziert. Wer ist nun wieder Tante Emma? Die Menge der Personen, von denen berichtet wird, gestaltet sich schier unübersehbar und die Wirrnisse verwandtschaftlicher oder sonstiger Verbindungen gleichen dem gordischen Knoten.

Für diejenigen, die sich von Stammbäumen gelangweilt fühlen, folgt an dieser Stelle ein kurzer Abriss über die Hauptpersonen dieses Berichts:

Wir sind fünf Geschwister, Christiane (Nane), Sebastian (Badda), Hans, Mathias (Thia) und Julius (Lullus).

Unsere Eltern sind Gottfried Freiherr von Rotenhan, genannt Dadi, und Elisabeth Freifrau von Rotenhan, geb. Freiin von Thüngen, genannt Mudda.

Dadi wuchs in einer Familie mit drei Schwestern auf: Marline, Hesi und Tichter.

Diese heirateten den Landwirt Dr. Heinz Oskar Reschke (Marline), Dietz Freiherr Truchsess von Wetzhausen (Hesi) aus Bundorf sowie den Juristen Dr. Friedrich Otto Boltze (Tichter).

Mutters Eltern hießen Dietz Freiherr von Thüngen und Marie Mathilde Prinzessin zu Stolberg-Roßla.

Mutter zählte vier Schwestern: Heilwig (Eileil), Jula, Marie Mathilde (Spootz) und Christa.

Tante Spootz arbeitete als Malerin und heiratete nie. Die übrigen ließen sich alle von ihren Männern scheiden. Nur die Älteste, meine Mutter, blieb verheiratet, was meinen Vater in den Augen seiner Schwägerinnen in den Stand eines Heiligen erhob. Sie waren alle davon überzeugt, dass auch die Schwester ebenso eheuntauglich sein müsse wie sie selbst, und es nur an der engelsgleichen Geduld des Schwagers liegen könne, dass er sie nicht längst rausgeschmissen habe.

Tante Jula ehelichte einen Vetter meines Vaters, Hubertus von Wedemeyer. Schorsch, Frucht dieser kurzen Ehe, wurde nicht nur mein bester Freund, wir sind fast so nah verwandt, als hätten zwei Brüder zwei Schwestern geheiratet.

Bei Dadi handelt es sich um den einzigen Sohn meiner Großeltern, Siegfried Freiherr von Rotenhan (Üpä) und seiner Frau Clara, geborenen von Wedemeyer (Ümä). Sie stammte aus Pommern, wo die Wedemeyers riesige Güter ihr Eigen nannten.

Üpä besaß die stolze Anzahl von fünf Schwestern und zwei Brüdern namens Hans und Werner, die beide kinderlos blieben.

Hans war mit Carola von Hanstein, (Tante Kaula) verheiratet, Werner hingegen mit Bertha von Czettritz.

Meine Urgroßeltern Rotenhan, hießen Gottfried Freiherr von Rotenhan und Julie, geborene Freiin von Welser. Gottfried, der „alte gnädige Herr" galt als zupackender Macher, gründete in Rentweinsdorf die Brauerei und Mälzerei. Man streitet sich, ob und wenn ja, wie viele, er und sein als „minderbegabt" eingestufter Bruder Julius an „Bangerdn" in die Welt gesetzt haben. Die so entstandenen Mädchen kamen in der Regel als Köchinnen in einem der fränkischen Schlösser unter, Buben erhielten im eigenen Betrieb den Posten eines Försters. In Franken war es üblich, dass Baron und Förster nur dadurch zu unterscheiden waren, dass Ersterer einen Hut und Letzterer eine grüne Kappe trug.

Rücken wir weiter vor in die nächste Generation. Hier teilt sich die Familie in den Eyrichshöfer und den Rentweinsdorfer Zweig auf.

Hermann, der ältere Bruder, erbte das Schloss in Rentweinsdorf. Julius bekam Eyrichshof. Beide hatten Jura studiert und einen Doktortitel erworben. Während Julius lange Jahre im bayerischen Staatsdienst verbrachte, ging Hermann in die Politik und wurde Präsident des bayerischen Landtages. In seine Amtszeit fiel die Affäre von Ludwig I. mit Lola Montez. Ihm, als Landtagspräsidenten, oblag es, dem König klarzumachen, dass dessen Verzicht auf den Thron unumgänglich war. Hermanns Frau war Marline Riedesel Freiin zu Eisenach. Sie hatte von ihrer Patentante, die mit einem preußischen Staatsminister kinderlos verheiratet war, erheblichen Grundbesitz in Thüringen und Schlesien geerbt. 1945 war damit Schluss. Die schlesischen und thüringischen Rotenhans kehrten nach Franken zurück. Als ich 1978 nach Ibiza zog, warnte mein Vater mich: „Pass auf, Rotenhans haben es außerhalb von Franken nie zu etwas gebracht."

Der Vater der beiden Brüder war Siegmund Freiherr von Rotenhan. Man berichtet, er sei ein gescheiter, degenerierter und hypochondrischer Mensch gewesen. Er heiratete in erster Ehe Antoinette von Lenthe. Mein Vater pflegte zu erzählen, dass sie aus dem Haus eines niedersächsischen Großbauern stammte, und es nur ihrem frischen Blut zu verdanken wäre, dass wir nicht mit dem Kopf unter dem Arm auf die Welt gekommen seien. In Vierzehnheiligen steht auf dem Gnadenaltar eine Statue des Heiligen Dionysius, der seinen Kopf vor sich her trägt. „Ohne Antoinette würdet ihr so aussehen" sagte Dadi bei jedem Besuch.

In der Generation des Schlosserbauers stoßen wir auf Johann Friedrich Freiherr von Rotenhan sowie Johanna Wilhelmine geborene Freiin von Seckendorf. Beider Wappen schmückt die Gartenfassade des Schlosses. Sie hatten 16 Kinder, von denen nur acht überlebten, darunter als einziger Sohn der soeben erwähnte Siegmund.

Und die Töchter? Spielen die denn keine Rolle? Doch, und wie, aber nicht in diesem Bericht. Sie wohnten schließlich immer nur bis zu ihrer Hochzeit im Schloss.

Diese hier erwähnten Hauptpersonen bilden das Rückgrat meines Berichtes. Um sie scharen sich Köchinnen, Tanten, entfernte Verwandte, der Bobbelootz, Dienstmädchen, ein Halleluja-Zwerg und viele, viele mehr, von denen es wert ist, zu berichten.

Über den Autor

Hans Freiherr von Rotenhan wurde 1951 in Rentweinsdorf geboren. Er studierte in Marburg, Lausanne und München Jura. 1978 zog er nach Ibiza, „weil das der beste Ort auf der Welt war, um nicht erwachsen werden zu müssen". Er verdiente auf der Insel sein Geld als Stiefelverkäufer, Radiosprecher und Journalist. Auf Ibiza lernte er seine Schweizer Ehefrau Brigitte kennen, dort wuchsen ihre Kinder Stephanie und David auf.

Ab 1985 leitete er auf Ibiza die Dependance der Kanzlei Estudio de Semir, Barcelona. 1991 Umzug nach Mallorca als Partner bei BDR Abogados, 1993 Zulassung als Abogado, spanischer Rechtsanwalt. Heute Partner bei Borne Abogados in Palma. Seit 2014 lebt Rotenhan in Berlin.

www.ingramcontent.com/pod-product-compliance
Lightning Source LLC
Chambersburg PA
CBHW020408080526
44584CB00014B/1225